PROCÉDURE

EN MATIÈRE DE

CONTREFAÇON

INDUSTRIELLE, LITTÉRAIRE ET ARTISTIQUE

AVEC FORMULES

PAR MM.

MICHEL PELLETIER | **HENRY DEFERT**
AVOCAT A LA COUR D'APPEL | AVOCAT AU CONSEIL D'ÉTAT ET A LA COUR
DE PARIS | DE CASSATION

OUVRAGE PRÉCÉDÉ D'UNE PRÉFACE

PAR M. ADRIEN HUARD
AVOCAT A LA COUR D'APPEL DE PARIS

PARIS

LIBRAIRIE NOUVELLE DE DROIT ET DE JURISPRUDENCE

ARTHUR ROUSSEAU
ÉDITEUR
14, rue Soufflot et rue Toullier, 13

1879

Tous droits réservés

Cuisian la Courraline ?

PROCÉDURE

EN MATIÈRE DE

CONTREFAÇON

INDUSTRIELLE, LITTÉRAIRE & ARTISTIQUE

AVEC FORMULES

PAR MM.

MICHEL PELLETIER
AVOCAT A LA COUR D'APPEL
DE PARIS

HENRY DEFERT
AVOCAT AU CONSEIL D'ÉTAT ET A LA COUR
DE CASSATION

OUVRAGE PRÉCÉDÉ D'UNE PRÉFACE

Par M. ADRIEN HUARD
AVOCAT A LA COUR D'APPEL DE PARIS

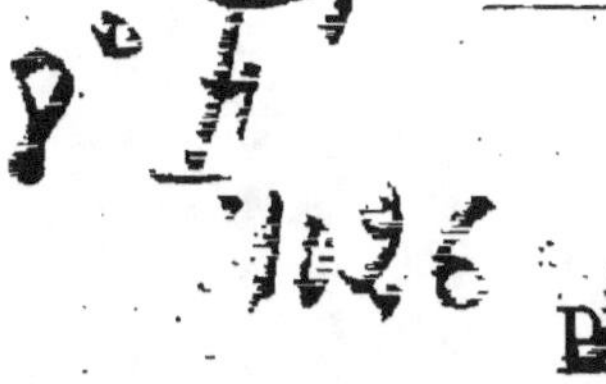

PARIS

LIBRAIRIE NOUVELLE DE DROIT ET DE JURISPRUDENCE

ARTHUR ROUSSEAU

ÉDITEUR

14, rue Soufflot et rue Toullier, 13

Paris. — Imp. E. Capiomont et V. Renault, rue des Poitevins, 6.

PRÉFACE

De nombreux auteurs ont écrit sur la matière inépuisable de la contrefaçon industrielle, artistique et littéraire. — Les uns ont remonté aux sources mêmes de la Philosophie du droit, pour y puiser les principes sur lesquels reposent les privilèges de l'inventeur et la légitimité de sa propriété. D'autres ont voulu, en groupant les décisions de la jurisprudence et en les rapprochant des enseignements de la doctrine, dégager les différentes interprétations dont la pensée du législateur paraissait susceptible, et fixer nettement les traits qui composent la véritable physionomie des lois protectrices de la propriété intellectuelle.

Mais ce n'était pas assez d'expliquer et de commenter ces lois. Il était bon encore d'indiquer les procédés pratiques de leur mise en œuvre. — Quelle procédure doit-on suivre dans les procès de contrefaçon? Quels incidents peuvent se produire au cours de l'instance, et comment doivent-ils être réglés? Quelles mentions sont nécessaires dans les différents actes qui sont comme la trame du procès? — Tels étaient les points qu'il convenait de mettre en relief dans un traité spécial.

Sans doute dans des ouvrages considérables, on avait déjà indiqué les règles principales des procédures en matière de contrefaçon, examiné et discuté la plupart des difficultés qu'elles soulèvent. Mais ces règles ne s'y rencontraient qu'accidentellement, sans coordination et sans lien entre elles, mêlées çà et là à l'examen d'autres questions. — De là, l'utilité de présenter dans un tableau spécial l'ensemble de ces procédures.

Tel est le but que se sont proposé MM. Michel Pelletier et Henry Defert.

Leur livre n'est pas un ouvrage de doctrine. C'est un guide pratique destiné à tous ceux qui sont chargés de conduire ces procès souvent si délicats, et que peuvent compromettre les moindres erreurs de procédure. — Il s'adresse

aussi aux parties elles-mêmes qui y trouveront
au besoin des renseignements utiles sur l'étendue de leurs droits; grâce au plan suivi par les
auteurs, elles pourront aisément se rendre
compte des phases diverses que traversent
leurs procès, juger la nature des difficultés
qui en entraveraient la marche ou en menace-
raient le succès.

A tous ces titres, ce livre trouvera sa place
dans la bibliothèque des hommes de loi comme
dans celle des inventeurs et des industriels.

Adrien HUARD

Avocat à la Cour d'appel de Paris.

NOTE DE L'ÉDITEUR

La procédure relative aux dessins et modèles de fabrique a été volontairement omise dans cette édition. Il a semblé préférable aux auteurs d'attendre, pour traiter cette matière, le vote de la loi proposée par M. Bozérian et déjà adoptée en première lecture par le Sénat. Dès qu'elle sera promulguée, nous ferons paraître cette dernière partie de l'ouvrage, soit par fascicule séparé, soit à la suite des exemplaires en cours de publication.

ABRÉVIATIONS

Ann..... Annales de la propriété industrielle de Pataille.
D...... Recueil périodique de Dalloz.
J. P..... Journal du Palais.
S....... Recueil des Arrêts de Sirey.

ERRATUM

Page 72, ligne 4, lire : défendeur, au lieu de : demandeur.

PROCÉDURE

EN MATIÈRE DE

CONTREFAÇON

INDUSTRIELLE, LITTÉRAIRE ET ARTISTIQUE

INTRODUCTION

§ Ier. — **De la Contrefaçon.** — **Qui peut poursuivre.**

1. Toute invention ou découverte nouvelle, constatée par un brevet, confère à son auteur le droit exclusif d'exploiter à son profit ladite découverte ou invention.

2. Sont considérées comme inventions ou découvertes nouvelles :

1° L'invention de nouveaux produits industriels ;

2° L'invention de nouveaux moyens pour l'obtention d'un résultat ou d'un produit industriel ;

3° L'application nouvelle de moyens connus pour

1

l'obtention d'un résultat ou d'un produit industriel (loi du 5 juillet 1844, art. 2).

3. Les faits constitutifs de la contrefaçon sont : la fabrication, l'emploi ou l'usage dans un but industriel ou commercial, la vente, la mise en vente, l'introduction en France et le recel de l'objet breveté.

4. Chacun de ces faits constitue, à lui seul, un délit propre, distinct, que peut poursuivre quiconque est régulièrement investi de la propriété ou de la jouissance d'un brevet.

Mais il est nécessaire de donner quelques explications sur chacun d'eux et de préciser les conditions dans lesquelles chaque fait doit se produire, pour qu'il y ait contrefaçon.

5. Tout d'abord, à la différence des faits de fabrication et d'usage, qui suffisent à eux seuls, et en dehors de tout élément intentionnel, à constituer le délit, les faits de vente, de mise en vente, d'introduction et de recel ne sont une contrefaçon qu'autant que leur auteur les a accomplis sciemment, et en connaissance des droits du breveté. (art. 41.)

En outre, le délit n'existe que dans les conditions suivantes :

6. *Fabrication.* — Tout fait de fabrication, quel qu'il soit, est une contrefaçon.

Il en est ainsi, alors même que la fabrication n'est

que commencée, si, d'ailleurs, il apparaît que le temps seul, et non la volonté, a manqué au fabricant.

De même :

1° Au cas où l'objet fabriqué ne doit être, dans la pensée du fabricant, qu'un modèle réservé à son usage personnel ;

2° Au cas où l'objet fabriqué ne constitue qu'un des éléments de l'objet breveté ;

3° Au cas où, sous prétexte de réparer l'objet breveté, le fabricant serait allé jusqu'à remplacer des organes essentiels et importants de l'objet breveté par des organes nouveaux ; car il n'y a plus là une simple réparation, mais une réfection véritable, une construction nouvelle.

7. Toutefois, celui qui ne fait que fabriquer sur commande et ne s'est chargé que de l'exécution matérielle, n'est pas responsable de la contrefaçon. — C'est le cas de l'ouvrier, du contre-maître, et, en général, de tout subordonné qui exécute un objet contrefait. L'auteur de la commande est alors seul responsable.

Mais il en serait autrement si l'agent chargé de l'exécution, avait, à l'insu de l'auteur de la commande, employé des moyens brevetés.

8. Du principe que le seul fait de la fabrication

constitue le délit de contrefaçon, il résulte que l'auteur de la fabrication ne pourrait se prévaloir d'un prétendu mandat qui lui aurait été donné par un tiers.

9. *Usage*. — L'usage ou l'emploi des moyens ou procédés qui font l'objet du brevet ne sont une contrefaçon que lorsqu'ils ont eu lieu dans un but industriel ou commercial.

10. L'usage personnel, c'est-à-dire le fait de s'être servi, pour soi, d'un objet contrefait, sans chercher à en tirer un avantage mercantile, ne constitue pas une contrefaçon.

Ainsi, l'ouvrier, l'industriel ou le commerçant qui emploie un objet breveté dans le seul but d'en retirer lui-même et directement les avantages que cet objet peut procurer, n'en fait pas un usage illicite, et ne commet, dès lors, aucun délit.

10 *bis*. Mais il en est différemment du commerçant qui fait usage d'un objet contrefait, dans l'intérêt d'une exploitation industrielle ou commerciale, qui emploie ou utilise cet objet pour les besoins de son commerce ou de son industrie. (Controverse [1].)

---

1. *Sic*, Cass., 7 fév. 1873. *Annales de la propriété industrielle*, 73. 51. — *Contra*, Pataille, *Annales*, 1871-72, 'p. 399, et les auteurs cités en note.

11. *Vente.* — Tout fait de vente, même unique, est une contrefaçon.

Il n'y a pas à distinguer si la vente a ou n'a pas donné de bénéfices, — si elle a eu lieu en vue ou non de l'exportation, — si elle est le fait d'un commerçant ou d'un particulier, — si l'objet a été vendu par le contrefacteur lui-même ou par son créancier, — si l'objet vendu avait été acheté par le vendeur dans une vente privée ou publique.

12. Le don d'un objet contrefait ne saurait être assimilé à la vente, les termes de l'art. 41 de la loi de 1844 étant limitatifs. (Controverse[1].)

13. Pourtant, il existe entre la vente et l'échange une similitude si frappante, que la jurisprudence n'a pas hésité, par application des principes mêmes du code civil, à considérer l'échange d'objets contrefaits comme un fait délictueux. (Controverse[2].)

14. *Exposition en vente.* — Il y a contrefaçon, alors même que l'objet contrefait ne serait pas exposé aux regards du public, dès lors qu'il est constant que ceux qui le détiennent, même en le

----

1. *Sic*, Nouguier, *Brev. d'invent.*, n° 806 ; Rendu et Delorme, *Tr. de Dr. industr.*, n° 506 ; Picard et Olin, *Tr. des brev. d'invent.*, n° 611 ; Pouillet, *Brev. d'invent.*, n° 708. — Voy. aussi Cass., 21 nov. 1851, D. 51. 5. 54. — *Contra*, Blanc, *Invent. brev.*, p. 349 ; Dalloz, v° *Brevets*, n° 323 ; Tillières, *Tr. des brev. d'invent.*, n° 140.

2. *Sic*, Pouillet, n° 709. — *Contra*, Picard et Olin, n° 611.

dissimulant, ont l'intention d'en faire le commerce.

15. Toutefois, le fait d'exhiber l'objet contrefait dans une exposition publique, universelle ou autre, ne constitue pas une exposition en vente dans le sens de la loi de 1844, le but immédiat et direct de ces expositions étant moins de solliciter l'acheteur que de favoriser le développement de l'industrie et d'en constater les progrès. (Controverse [1].)

Il en serait de même au cas où l'on aurait présenté un objet contrefait à une société savante dont on aurait ainsi provoqué l'appréciation ou les récompenses.

16. *Introduction en France.* — Le délit existe par le fait seul de l'introduction, même en l'absence d'une destination commerciale.

17. Mais il faut que l'objet ait été introduit, c'est-à-dire qu'il ait franchi la frontière.

Ainsi :

L'introduction en France ne pourrait résulter du fait seul de saisie à la douane des objets contrefaits. Pour que le délit soit consommé, il faut, de plus,

1. *Sic*, Seine, 9 janv. 1868. *Annales de la prop. industr.*, 68.55. Voy. Huard, *Journ. de la propr. indust.*, n° 338. — *Contra*, Blanc, p. 861 ; Lyon-Caen, *Journ. de droit intern. privé*, 1878, p. 17 ; Bozerian, *eod. loc.*, p. 20.

qu'il y ait eu livraison prise et entrée des objets sur le territoire français. (Controverse [1].)

De même, le fait du transit d'un objet contrefait ne constitue pas l'introduction en France, dans le sens de la loi. (Controverse [2].)

Il en serait autrement, toutefois, de l'introduction en France d'objets contrefaits, pour y être exhibés dans une exposition publique. L'immunité en vertu de laquelle celui qui exhibe des objets contrefaits dans une exposition ne commet pas le délit de mise en vente, ne saurait, selon nous, s'étendre à celui qui introduit ces objets en vue de l'exposition ; car l'introduction en France porte essentiellement atteinte à l'industrie nationale, et doit, par suite, être toujours considérée comme un délit.

17 *bis*. Quant aux objets déposés en entrepôt, ils doivent être considérés comme introduits en France, car, à la différence des objets en transit, ils ne sont pas forcément réexpédiés à l'étranger, et peuvent être retirés de la douane, après l'acquit des droits.

1. *Contra*, Cass., 28 nov. 1861. *Annales*, 62. 419.

2. *Sic*, Bédarride, *Comment. sur les brev. d'invent.*, n° 568 ; Tillières, n° 142 ; Picard et Olin, n° 620. — Voy. aussi Pouillet, n° 715 ; Huard, *Rép. de jurisp. en mat. de brev. d'invent.*, art. 41, n° 2 ; — Seine, 23 juin 1860, *Annales*. 60. 307 ; Liège, 10 décembre 1862. — *Contra*, Bozérian, n° 172 ; Blanc, p. 351. — Rouen, 12 fév. 1874, *Journ. de droit international privé*, 1875, p. 113.

18. D'ailleurs, l'introduction en France cesse d'être un délit, lorsqu'elle a eu lieu sur l'ordre et pour le compte du Gouvernement, dans l'intérêt général du pays et de sa défense.

19. *Recel.* — La seule détention matérielle de l'objet qu'on sait contrefait, à quelque titre que ce soit, constitue le recel.

20. Nous n'avons pas à tracer ici les règles à suivre pour l'obtention des brevets et leur conservation, ou pour la validité de leur transmission.

Nous supposons que toutes les formalités prescrites, soit pour la délivrance du titre, soit pour sa cession, ont été remplies selon le vœu de la loi. (Art. 5 à 30 de la loi du 5 juillet 1844.)

21. Dans ces conditions, peuvent poursuivre la contrefaçon :

1° Le breveté et ses ayants-cause ;

2° Le cessionnaire de tout ou partie du brevet ;

3° Le concessionnaire de la jouissance exclusive d'un brevet pendant un temps déterminé ;

4° Le concessionnaire dont le droit d'exploitation a été restreint à certaines régions, dans les limites de ces régions ;

5° L'usufruitier.

22. A la différence du cessionnaire, le licencié n'a pas le droit de poursuivre la contrefaçon.

Il en est ainsi, alors même que son titre, régulier d'ailleurs et préalablement enregistré, lui confèrerait expressément mandat à l'effet d'exercer les poursuites, ou qu'une décision de justice intervenue entre lui et le breveté, et passée en force de chose jugée, lui aurait reconnu ce pouvoir. (Controverse[1].)

23. Les étrangers, même non admis à la jouissance de nos droits civils, peuvent, aussi bien que les Français, poursuivre la contrefaçon (Art. 14 du code civil), sauf l'obligation de fournir la *cautio judicatum solvi*, (V. *infra*, n° 114 et suiv.) et de se conformer aux obligations que la loi de 1844 impose aux brevetés français.

§ II. — Juridiction et compétence.

24. *Juridiction.* — Quoique la contrefaçon soit un délit aux yeux de la loi, deux voies sont ouvertes au breveté :

1° La juridiction civile ;

2° La juridiction correctionnelle.

---

1. *Sic*, Cass., 27 avril 1869, S. 69. 1. 421; — Rouen, 2 janv. 1869; S. 69. 2. 300; — Pouillet, *Brev. d'inv.*, n° 283; — *Contra*, Blanc, p. 641.

La contrefaçon, en effet, constitue un délit d'une nature toute spéciale. Ce n'est pas, à coup sûr, l'introduction de la poursuite qui détermine le caractère délictueux du fait argué de contrefaçon, lequel est par lui-même et en dehors de toute poursuite, un véritable délit. Cependant, si le demandeur, usant de son droit de choisir la juridiction, saisit le Tribunal civil, il rend toute peine impossible et soustrait ainsi le fait poursuivi à la répression qui atteint tout délit, sans le dépouiller cependant de tous ses caractères. C'est ainsi que la prescription de trois ans qui couvre le délit peut être invoquée au civil comme au correctionnel.

25. Le choix de l'une ou de l'autre juridiction est loin d'être indifférent.

26. Avantages de la juridiction correctionnelle :

1° Elle est expéditive ;

2° Elle évite la constitution d'un avoué ;

3° Elle est peu coûteuse ;

4° Elle donne au breveté, en outre de la possibilité d'obtenir des réparations civiles, le droit de faire prononcer contre le contrefacteur des condamnations pénales.

5° Ajoutons qu'une condamnation correctionnelle peut seule servir de base à l'application ultérieure des peines de la récidive. (V. *infra,* n° 431.)

27. Avantages de la juridiction civile :

1° La preuve testimoniale est entourée de toutes les précautions indiquées au Code de procédure civile (Liv. II, Titre XII), tandis qu'au correctionnel le prévenu peut faire entendre les témoins qu'il désire, sans limitation, quant à leur nombre, sans contrôle ni garantie possible, quant à leur moralité.

2° Au cas de partage des voix, on recourt à l'adjonction d'un nouveau juge devant qui l'affaire est de nouveau plaidée, tandis qu'au correctionnel, le doute profitant toujours au prévenu, l'acquittement est de droit.

3° La décision rendue par le tribunal civil prend toute l'autorité de la chose jugée conformément à l'art. 1351 du Code civil, aussi bien sur les questions de nullité ou de validité du brevet, que sur la question de contrefaçon ; tandis qu'au correctionnel, la sentence est d'une portée beaucoup moindre. Elle n'infère jamais la validité ou l'invalidité du brevet ; elle n'est qu'une condamnation ou un acquittement ; elle ne vise que les faits incriminés et n'atteint que le prévenu.

28. Au civil, toutes les affaires de contrefaçon sont nécessairement portées devant les Tribunaux civils proprement dits.

29. L'incompétence des Tribunaux de commerce

en cette matière, paraît certaine et résulte, *a contrario*, de l'article 48 de la loi de 1844, qui veut que le saisissant donne assignation, dans les huit jours de la saisie, soit devant le tribunal civil, soit devant le Tribunal correctionnel. (Controverse[1].)

La déclaration d'incompétence du Tribunal de commerce, originairement saisi d'une action en contrefaçon, rend tous ses droits à la partie lésée, qui peut, dès lors, à son choix, assigner devant l'une ou l'autre juridiction, civile ou correctionnelle.

30. Quant aux juridictions arbitrales, — incompétentes pour régler les questions de propriété ou de nullité de brevet, lesquelles doivent être communiquées au ministère public, — elles peuvent apprécier toutes les questions de contrefaçon qui leur sont soumises. (Controverse[2].)

31. Exceptionnellement, toutefois, si le contrefacteur se trouve, d'après le droit commun, justiciable d'une juridiction exceptionnelle, comme par exemple, le Conseil de guerre, c'est devant le Tribunal d'exception que le breveté doit porter le procès.

---

1. *Sic*, Blanc, *Contrefaçon*, p. 664 ; Nouguier, n° 908 ; Calmels, n° 710. — *Contra*, Dalloz, v° *Brev. d'invent.*, n° 330 ; Rendu et Delorme, n° 514 ; Renouard, *Contrefaçon*, n° 218.

2. *Sic*, Pouillet, n° 829 ; Blanc, p. 666. — *Contra*, Nouguier, n° 909.

32. *Compétence*. — Au civil, la compétence est réglée par l'art. 59 du Code de procédure civile. C'est donc la règle *actor sequitur forum rei* qui reçoit ici son application. L'action doit toujours être portée devant le Tribunal du domicile du défendeur, ou, à défaut de domicile, devant celui de la résidence, et, s'il y a plusieurs défendeurs, devant le Tribunal du domicile de l'un d'eux, au choix du demandeur.

33. De même, au correctionnel, la compétence est réglée par l'art. 63 du Code d'instruction criminelle, c'est-à-dire que l'action doit toujours être portée soit devant le Tribunal du lieu où le délit de contrefaçon a été commis, soit devant le Tribunal de la résidence du prévenu, ou du lieu où il pourra être trouvé.

Il est à remarquer que pour la détermination de la compétence, au correctionnel, c'est au lieu où le délit a été commis qu'il faut s'attacher, et non au lieu où l'objet contrefait a pu être trouvé. Sans doute, le plus souvent, ces deux endroits se confondent; mais il peut se faire pourtant que l'objet soit trouvé dans un lieu, sans qu'il y ait délit commis dans ce lieu par fabrication, vente, mise en vente, usage ou recel. C'est ainsi qu'une saisie faite dans une exposition industrielle ou pendant le transit de l'objet, n'est point attributive de compétence, et n'autorise pas le saisissant à assigner le contrefacteur devant le Tribunal du lieu de la saisie. La vente n'étant pas le but principal d'une exposition, le fait d'exposer ne peut être assimilé à la mise en vente dont parle l'art. 41 ; et, quant au transit, il n'est certainement pas, par lui-même, sauf le cas d'introduction en France, un moyen de commettre le délit de contre-façon.

C'est ainsi encore que le fait de la livraison de l'objet contrefait ne constituant pas le délit qui réside tout entier dans le fait de la vente, le Tribunal du lieu de la livraison ne serait pas compétent pour apprécier la contrefaçon.

34. En cas de pluralité de défendeurs, le demandeur peut, comme au civil, les assigner tous devant le Tribunal de l'un d'eux, à son choix.

35. Toutefois, cette faculté n'appartient au demandeur qu'autant que la poursuite, correctionnelle ou civile, est dirigée contre plusieurs défendeurs, ayant, quoique à des titres divers, fabricants, vendeurs, recéleurs, etc., etc., coopéré et concouru aux mêmes faits de contrefaçon, sauf au demandeur à prouver plus tard, si besoin est, l'entente et le concert entre les défendeurs.

Il y a même, à cet égard, des présomptions légales qui dispensent de toute preuve; comme par exemple, lorsqu'il y a eu fabrication dans un lieu, et vente dans un autre : Le demandeur peut toujours, à raison de ces faits légalement connexes, porter son action devant le Tribunal de l'un ou de l'autre lieu.

36. Il y a cependant, en pareil cas, un intérêt à porter l'action devant tel Tribunal plutôt que devant tel autre, et spécialement devant le Tribunal du domicile de l'auteur principal, plutôt que devant celui d'un des autres défendeurs; car l'auteur principal assigné devant un autre Tribunal que le sien a le droit de décliner la compétence pour tous les faits autres que ceux qui se rattachent aux faits relevés contre les autres défendeurs, fussent-ils antérieurs et de même nature.

C'est ainsi, par exemple, que le fabricant d'un produit argué de contrefaçon, assigné devant le Tribunal du débitant, pourrait décliner la compétence de ce tribunal, pour tous les faits de contrefaçon qui ne se rattacheraient pas aux faits de vente relevés contre le débitant. (Lyon, 28 juin 1870. *Ann.* 70. 321.)

37. Au contraire, s'il s'agit de plusieurs défendeurs, ayant à répondre de faits personnels de contrefaçon relatifs, il est vrai, à un même brevet, mais sans qu'il y ait entre eux le lien soit de fait, soit de droit, d'une participation commune à un même délit, l'action doit alors être portée devant le Tribunal du domicile de chacun d'eux ou du lieu du délit qui lui est personnellement imputé.

38. L'étranger, contrefacteur hors de France, échappe à l'action de nos lois. Mais il peut être actionné pour tout délit commis par lui en France, soit comme auteur, soit comme complice.

CHAPITRE PREMIER

PROCÉDURE EXTRAJUDICIAIRE, PRÉPARATOIRE DE L'INSTANCE ET FACULTATIVE DEVANT LES DEUX JURIDICTIONS CIVILE ET CORRECTIONNELLE.

---

§ Ier. — Requête à fin de saisie ou de description.

39. Avant d'introduire sa demande, le demandeur peut toujours requérir la saisie, ou la description simple sans saisie des objets qu'il prétend contrefaits, afin de faire constater matériellement la contrefaçon et de mettre à l'abri du doute l'existence de ces objets.

40. Ce n'est là d'ailleurs qu'une faculté qui lui est laissée ; car il peut toujours intenter *de plano* le procès, quitte à suppléer plus tard, si besoin est, au défaut de saisie ou de description par d'autres preuves ou documents, tels que témoignages, factures émanées du contrefacteur, procès-verbaux de saisies dressés à la requête d'un autre demandeur dans une autre instance.

Remarquons toutefois que, pour invoquer cette dernière preuve, le breveté doit avoir soin d'énoncer ces procès-verbaux dans son exploit introductif d'instance ou, tout au moins, de les porter en temps utile à la connaissance de l'adversaire.

41. Si la saisie n'est pas obligatoire, du moins est-elle souvent utile, parfois même nécessaire. Elle sert, mieux que toute autre preuve, à constater les faits sur lesquels est basée la demande. Ainsi, il a été jugé que la seule apposition sur l'objet argué de contrefaçon du nom du prétendu contrefacteur, lorsque celui-ci nie en être l'auteur, n'est pas par elle seule et indépendamment d'autres éléments de conviction, une preuve suffisante du délit.

42. Elle a encore un autre but : En plaçant sous la main de justice les objets argués de contrefaçon, en les enlevant à la libre disposition du saisi, elle assure au saisissant, par une sorte de confiscation provisoire et anticipée, une indemnité pour le cas où sa demande serait reconnue fondée.

43. Mais, à raison même de ses effets avantageux pour le saisissant et vexatoires pour le saisi, la saisie a le grave inconvénient d'exposer celui qui la requiert à payer des dommages-intérêts à son adver-

saire, au cas où, par la suite, sa demande ne paraî-
trait pas justifiée.

44. La simple description, au contraire, tout en
constatant la contrefaçon, n'a pas le caractère préju-
diciable de la saisie. Elle laisse au propriétaire des
objets décrits le droit de s'en servir, de les fabriquer
ou de les vendre. Aussi, n'entraîne-t-elle pas pour
le demandeur les mêmes conséquences que la
saisie.

45. Au surplus, la saisie et la description ne sont
pas seulement des mesures préparatoires de l'instance. Elles peuvent, au cours de cette instance et
même en cause d'appel, être pratiquées, si besoin
est, dans les mêmes formes et conditions que la
saisie originaire. (Lyon, 13 juin 1866, *Ann.* 71-72,
p. 184.)

46. Pour parvenir à la saisie ou à la description,
le demandeur doit tout d'abord adresser requête au
Président du Tribunal du lieu où se trouvent les
objets à saisir ou à décrire.

47. Dans la requête on *doit :*

1° Indiquer l'objet que le demandeur entend faire
saisir ou décrire.

2° Désigner nominativement autant que possible,
surtout s'il s'agit d'une saisie, les personnes chez
lesquelles elle doit être pratiquée. — Néanmoins, il

arrive souvent que le requérant demande l'autorisation de faire saisir en tous lieux et *chez toutes personnes*.

48. Mais pour réussir auprès du juge ordonnateur, cette demande de saisie chez toutes personnes doit être justifiée par l'impossibilité où se trouverait le breveté de faire des désignations individuelles, comme par exemple, s'il s'agissait d'objets vendus au détail par l'intermédiaire de marchands ambulants ou camelots.

49. On *peut* encore :

1° Conclure à la saisie des machines, instruments, appareils, ustensiles destinés à la fabrication de l'objet contrefait. Cela est même de style.

2° Demander en tant que de besoin l'autorisation de faire parapher *ne varietur* les livres et registres du saisi.

3° Demander même la saisie des livres, correspondances ou papiers qui pourraient prouver la contrefaçon. (Controverse [1].)

50. En tout cas, le requérant peut toujours demander, si la nature des objets l'exige, la nomination d'un expert pour aider l'huissier dans sa description.

---

1. *Sic*, Cass., 15 juin 1866, *Ann.*, 66. 313; Bozérian, *Prop. indust.*, n° 447 ; Nouguier, n° 852 bis. — *Contra*, Pouillet, n° 792 ; Picard et Olin, n° 648.

51. Enfin, il est bon de demander dans la requête l'autorisation de se faire assister, en tant que de besoin, par le commissaire de police du quartier ou le juge de paix du canton, pour le cas où le saisi serait absent de son domicile ou refuserait sa porte.

52. La requête au Président doit toujours, à peine de nullité, être accompagnée des brevets et certificats d'addition invoqués par le requérant.

Si.le brevet n'avait pas encore été délivré au demandeur, il lui suffirait de produire le récépissé de sa demande. (Voir Formule 1.)

§ II. — Ordonnance du Président.

53. Sur le vu de la requête et des pièces y annexées, le président ou le juge qui le remplace rend son ordonnance. Il a un pouvoir absolument discrétionnaire pour apprécier les circonstances, et peut limiter à certains objets l'autorisation de saisir ou n'autoriser même que la description des objets que le requérant prétend contrefaits.

54. Lorsqu'il autorise la saisie, le président *doit :*

1° Ordonner le dépôt d'un cautionnement si le requérant est un étranger non autorisé à établir son domicile en France, et ce à peine de nullité de l'ordonnance. (Voy. toutefois *infra*, n° 69.)

2° Désigner nominativement, d'après les indications de la requête, les personnes chez lesquelles la saisie doit être pratiquée, sauf le cas indiqué au n° 48 *supra*, et ceux analogues.

3° Viser les brevets et titres du requérant. Cependant le défaut de *visa* n'entraînerait aucune nullité.

55. Le Président *peut* :

1° Ordonner, s'il le croit nécessaire, le dépôt d'un cautionnement, quand le requérant est un Français.

2° Autoriser la saisie en tous lieux, même dans un établissement militaire, ou à la douane (Controverse [1]), ou bien encore dans une exposition publique, bien que les objets y aient été admis en transit. — Il y a lieu surtout d'autoriser la saisie, lorsqu'il est établi que l'exposant français ou étranger offre de vendre ou de recevoir des commandes. A défaut de faits de vente, l'exposant étranger peut toujours être considéré comme introducteur.

3° Autoriser l'examen des livres, correspondances ou papiers, et, au besoin, la saisie de ceux qui pourraient servir de preuve à la contrefaçon.

---

1. *Sic*, Paris, 28 nov. 1861. *Ann.*, 62, 422. — Voy. aussi Huard, *Rép.*, art. 41, n° 3.

4º Autoriser le breveté à assister à la saisie ou à la description.

5º Nommer un expert chargé d'aider l'huissier dans la description technique des objets.

56. Enfin, quoique rien ne l'y oblige, le juge fera bien de fixer le délai dans lequel la saisie devra être pratiquée.

57. Mais le Président ne *doit* jamais :

1º Commettre un huissier nommément désigné pour procéder à la saisie, à moins que le breveté n'ait lui-même dans sa requête sollicité cette désignation.

2º Autoriser la saisie sur les personnes.

3º Autoriser la saisie si le brevet est expiré, alors même que les faits de contrefaçon relevés dans la requête seraient antérieurs à l'expiration de ce brevet.

Dans ce cas, il ne pourrait que permettre la description ; la saisie, même restreinte à de simples échantillons, serait nulle.

58. Enfin, il est d'usage de réserver au saisi dans l'ordonnance le droit d'en référer au Président en cas de difficulté. Ce n'est toutefois qu'une clause de style, et le défaut de cette mention n'aurait pas pour conséquence de fermer au saisi la voie du référé.

59. Lorsqu'il s'agit d'une description simple sans saisie, il n'y a jamais lieu d'imposer un cautionnement au requérant.

Mais, tout en n'autorisant qu'une simple description, le Président peut toujours permettre d'emporter des échantillons des objets décrits.

60. Dans tous les cas, qu'il s'agisse de description ou de saisie, l'ordonnance du Président n'est susceptible d'aucun recours.

61. Mais elle peut être modifiée après coup, soit spontanément par le Président lui-même, soit sur référé du saisi. C'est ainsi que le Président, éclairé sur l'importance de l'affaire, peut imposer ultérieurement un cautionnement au requérant, ou augmenter le cautionnement primitivement ordonné, ou apporter enfin à sa première ordonnance telles autres modifications qu'il reconnaîtrait nécessaires.

62. Si la modification est due à l'initiative du Président, la nouvelle ordonnance est, comme la première, absolument inattaquable, s'agit-il même d'une ordonnance imposant après coup un cautionnement au saisissant ; s'il y a eu référé, l'ordonnance qui intervient peut être frappée d'appel.

63. Le cautionnement imposé par l'ordonnance rendue sur requête du breveté doit être déposé préalablement à la saisie, à Paris, à la Caisse des dépôts et consignations ; — en province, à la Caisse publique qui en tient lieu.

64. Le défaut de consignation préalable du cautionnement ainsi imposé entraîne la nullité de la saisie, et engage en outre la responsabilité pécuniaire de l'huissier. — Toutefois, le saisissant qui n'aurait pas déposé en temps utile le cautionnement fixé ou qui ne voudrait pas le faire, pourrait toujours se borner à faire procéder, en vertu de l'ordonnance, à une description simple, sans saisie.

64 *bis*. Mais le dépôt préalable n'est pas nécessaire, lorsque le cautionnement a été seulement imposé par l'ordonnance rendue sur référé du saisi. Dans ce cas, les opérations de la saisie peuvent être commencées ou continuées en vertu de la première ordonnance. De même, s'il s'agit d'une augmentation, le surplus ainsi déterminé n'a pas besoin d'être déposé avant la saisie.

65. Une ordonnance n'est jamais valable que pour les cas et pour le temps en vue desquels elle a été rendue. Ainsi, une ordonnance déjà ancienne ne pourrait servir à opérer une saisie qu'autant que cette saisie s'appliquerait aux faits mêmes en vue desquels elle aurait été requise. Pour les faits nouveaux, pour les circonstances qui n'auraient pas été ni pu même être prévues par le juge, une nouvelle ordonnance serait nécessaire.

De même, une ordonnance ne peut servir qu'une seule fois. Toute saisie nouvelle qu'il serait utile de faire pratiquer, implique la nécessité d'une nouvelle ordonnance. (Voy. toutefois *infra* n° 85.) — (Voir Formule 2.)

§ III. — Saisie et Description.

ART. 1er. — PROCÈS-VERBAL. — RÉDACTION ET FORMALITÉS.

66. Muni de l'ordonnance du Président, le breveté peut faire immédiatement pratiquer la saisie. Si le saisi est absent de son domicile, ou refuse sa porte, l'huissier ne peut pénétrer chez lui qu'assisté du juge de paix ou du commissaire de police, sous peine de commettre une violation de domicile.

67. Le breveté peut, lorsqu'il y a été autorisé par l'ordonnance, assister à la description et à la saisie. Dans le cas contraire, il n'aurait pas le droit d'imposer sa présence au saisi, et il ne pourrait assister aux opérations que par une pure tolérance de la part de ce dernier.

68. Avant de procéder, l'huissier doit remettre au saisi :

1° Copie de l'ordonnance autorisant la mesure dont il est l'objet ;

2° Copie, s'il y a lieu, du procès-verbal de dépôt du cautionnement, et ce, à peine de nullité de la saisie et de dommages-intérêts contre l'huissier qui instrumente.

69. Toutefois, si, bien que s'agissant d'un étranger, l'ordonnance n'avait pas imposé de cautionnement, la saisie ne serait pas nulle de ce chef[1] ; mais le saisi pourrait toujours réclamer ce cautionnement à l'ouverture de l'instance qui suivrait sur cette saisie. Il le pourrait, alors même qu'avant la saisie, il aurait négligé de le requérir.

70. L'huissier doit limiter la saisie aux faits et aux personnes que l'ordonnance a eus en vue, et il ne saurait légitimement l'étendre à d'autres.

Mais, dans ces limites, il peut et il doit même faire toutes les perquisitions nécessaires, donner des objets contrefaits une énumération aussi complète que possible, avec indication du lieu où il les a trouvés placés.

71. Lorsqu'il y a lieu de saisir des échantillons des objets contrefaits, ces échantillons sont liés et scellés du cachet de l'huissier ou du sceau du commissaire de police, indiquant le nombre et la nature des objets saisis.

---

1. *Contra*. Seine, 3 mai 1855, *Ann.*, 1856. 46.

72. L'énumération des objets saisis ou simplement décrits a aussi son importance ; car lorsqu'elle n'est qu'approximative, les juges ne sont point liés par les indications de l'exploit, et peuvent, d'après les circonstances, sans faire état du nombre indiqué dans l'exploit, apprécier la quantité sur laquelle devra porter la confiscation.

73. Il importe surtout que la description soit faite avec la plus grande précision, car il peut arriver ou que les objets décrits disparaissent du fait du contrefacteur, ou que les objets saisis même viennent à manquer par suite d'un accident, tel que l'incendie du greffe, où ils auraient été déposés, et alors l'insuffisance du procès-verbal de description, qui sert de base à la poursuite, pourrait entraîner le rejet de la demande, si d'ailleurs le saisissant n'est pas en état de fournir d'autre preuve de la contrefaçon. (Seine, 5 Décembre 1872, *Ann.* 73. 246.)

74. Enfin, l'huissier doit indiquer dans son procès-verbal toutes les observations faites par la partie saisie, et notamment ses protestations et réserves pour qu'il en soit référé au Président du Tribunal.

75. Lorsque la partie saisie a ainsi requis qu'il en soit référé, elle doit donner au saisissant assignation à comparaître en état de référé, devant le Président du Tribunal. (Voy. Formule 3).

76. Les opérations terminées, l'huissier doit laisser au saisi une copie du procès-verbal de saisie. Régulièrement cette remise doit être faite sur-le-champ. Néanmoins, il a été jugé que pour être faite quelques jours après par voie de signification, elle ne laisse pas que d'être valable. (Voy. Formule 4.)

77. L'huissier effectue ensuite le dépôt au greffe du Tribunal des objets ou des échantillons saisis. (Voy. Formule 5).

ART. 2. — NULLITÉ DE LA SAISIE.

78. Indépendamment des causes de nullité inhérentes à la rédaction du procès-verbal, et de celles qui pourraient provenir des conditions irrégulières dans lesquelles elle aurait été faite, la saisie devient encore nulle et de nul effet, lorsque le saisissant ne l'a pas fait suivre d'une assignation dans la huitaine.

79. Les demandes en nullité, et par suite, en main-levée de saisie, sont de la compétence exclusive des Tribunaux civils, tant que l'instance en contrefaçon n'a pas été introduite. Ce sont, en effet, des demandes principales, dont le caractère est tout

2.

civil, et qui, comme telles, doivent être portées devant les juges de droit commun.

80. Le Tribunal compétent, dans ce cas, est soit celui du domicile du saisissant, soit celui du lieu de la saisie. Devant ce dernier Tribunal, la demande peut être valablement introduite par voie d'assignation donnée au saisissant à son domicile élu.

81. Mais lorsque la poursuite en contrefaçon est intentée, la saisie devenant par ce fait un acte de l'instruction ou de là procédure, les demandes en nullité de saisie, sont de la compétence du Tribunal civil ou correctionnel appelé à statuer sur le fond de l'affaire.

82. Si l'action en contrefaçon a été portée devant le juge correctionnel, le juge civil est incompétent pour ordonner la main-levée de la saisie.

Il ne reprendrait compétence que si le demandeur en main-levée réclamait, en outre, des dommages-intérêts ou toute autre condamnation civile. Encore, dans ce cas, devrait-il surseoir à statuer jusqu'à la décision au fond.

83. Au cas où le demandeur en main-levée est un étranger, il doit, d'après la jurisprudence la plus suivie, fournir la caution *judicatum solvi* (Contro-verse [1]).

1. *Sic*, Lyon, 25 janv. 1868. *Ann.*, 69. 135. — *Contra*, Mer-

83 *bis*. En même temps que la main-levée, le saisi a le droit de demander la réparation du préjudice que la saisie lui a fait éprouver, bien que la saisie ait porté sur de simples échantillons et que le saisi ait ainsi conservé le droit de continuer sa fabrication ou sa vente. En cas de saisie faite à l'étranger, les tribunaux français sont incompétents pour statuer sur les dommages-intérêts réclamés à raison de cette saisie.

84. Mais la nullité de la saisie est sans conséquence sur la procédure dont elle a été le point de départ, et sur la demande à laquelle elle a servi de base. Ainsi, au correctionnel comme au civil, la nullité de la saisie n'entraîne pas celle de l'instance qui l'a suivie. Elle s'oppose seulement à ce que le juge prononce la confiscation des objets saisis et leur attribution au saisissant.

85. D'ailleurs, la nullité d'une saisie n'empêche pas en principe de faire saisir à nouveau l'objet argué de contrefaçon, en vertu de la même ordonnance. Cette nouvelle saisie pourrait avoir lieu au greffe même où l'objet aurait été déposé à la suite de la première saisie. Toutefois, pour qu'une se-

lin, vᵒ *Caution judic. solvi*; Demangeat, *des Étrangers*, nᵒ 141. — Paris, 5 mars 1854, *J. P.* 54. 2. 520. — *Conf.*, Dalloz, *Rep.* vᵒ *Except.*, sect. I, nᵒ 4.

conde saisie soit possible, il faut que la première n'ait pas eu pour conséquence de faire renvoyer le défendeur des fins de la demande, comme dans le cas où la saisie aurait été la seule preuve de la contrefaçon.

86. Mais la seconde saisie ne pourrait avoir lieu en vertu de la même ordonnance, s'il s'était produit des faits nouveaux pouvant donner lieu à de nouvelles poursuites ; il faudrait alors demander une deuxième ordonnance.

En tous cas, le demandeur peut toujours au cours de l'instance, en vertu d'une ordonnance du Président, faire pratiquer de nouvelles saisies. (V. Formule 6.)

CHAPITRE II

INSTANCE CIVILE

————

§ Ier. — Assignation.

87. L'assignation est le point de départ de l'instance. C'est l'acte par lequel doit être nécessairement introduite toute demande en contrefaçon. De simples conclusions ne suffiraient pas. Ainsi, supposons qu'à la suite d'une saisie déclarée nulle, le saisi ait formé une demande en dommages-intérêts : le saisissant ne saurait réclamer à son tour des dommages-intérêts pour contrefaçon par de simples conclusions reconventionnelles. (Paris, 9 nov. 1872. *Ann.* 73. 42.)

88. Dans tous les cas, devant la juridiction civile, qu'il y ait eu ou non saisie ou description, l'assignation n'a pas besoin d'être précédée du préliminaire de conciliation.

89. Lorsqu'il y a eu saisie ou description, l'assignation doit, à peine de nullité de cette saisie et de dommages-intérêts, s'il y a lieu, être faite dans le délai de huitaine (délai franc), outre un jour par trois myriamètres de distance entre le lieu où se trouvent les objets saisis ou décrits, et le domicile du contrefacteur. (Art. 48 de la loi de 1844.)

90. Toutefois, l'assignation pourrait n'être donnée qu'après la huitaine, sans entraîner la nullité de la saisie ou de la description, si, par suite d'un obstacle de force majeure, il était devenu impossible d'assigner dans le délai.

Il en serait de même au cas d'assignation donnée en déclaration de jugement commun à un tiers détenteur chez lequel une saisie aurait été pratiquée. L'article 48 de la loi de 1844 ne lui est pas applicable, la loi ne prescrivant, d'autre part, aucun délai pour la mise en cause du tiers détenteur. (Paris, 4 fév. 1874. *Ann.* 74. 125.)

91. Mais une citation en conciliation, bien que donnée dans la huitaine de la saisie, ne saurait équivaloir à l'assignation, ni, par suite, empêcher la nullité de la saisie.

92. En cas de plusieurs saisies pratiquées cumulativement chez plusieurs individus, fabricants, débitants ou autres, à raison des mêmes faits de contrefaçon, l'assignation doit être donnée dans la huitaine à tous ceux contre lesquels il a été verbalisé.

93. L'assignation étant l'acte qui détermine la demande, ses limites et son étendue, sa rédaction présente une importance capitale, au triple point de vue de la personne qui assigne, de celle qui est assignée, et des revendications qui font l'objet de la demande.

Plaçons-nous successivement à chacun de ces points de vue.

94. — I. *Personne du demandeur.* — Il est d'un grand intérêt que le nom, et surtout la qualité du demandeur soient énoncés avec exactitude, afin de bien faire connaître au défendeur à qui il a affaire.

Toutefois, les énonciations de l'exploit introductif d'instance n'étant pas à cet égard prescrites par la loi en termes sacramentels, l'omission de la qualité en laquelle agit le demandeur n'entraînerait pas la nullité de l'assignation, si les énonciations contenues dans le corps de l'exploit permettaient de suppléer à cette omission en ne laissant aucun doute sur la qualité du demandeur.

Au surplus, en pareil cas, il est toujours possible de réparer l'erreur commise dans un exploit postérieur destiné à compléter le premier.

En somme donc, point de difficulté, lorsque le poursuivant est le breveté lui-même ou son cessionnaire, ou l'usufruitier du brevet.

95. Mais il est certains cas plus compliqués. Ainsi :

96. — 1° Lorsque les demandeurs sont co-propriétaires du brevet, l'assignation peut, en règle générale, être valablement donnée par chacun d'eux, et il suffit du nom d'un seul. Il n'en est autrement que si, par suite de conventions spéciales, les co-propriétaires se sont interdit le droit de poursuivre individuellement les contrefacteurs.

97. — 2° Lorsqu'il s'agit d'une société demanderesse, de deux choses l'une : ou la société est propriétaire du brevet, ou elle en a seulement la jouissance.

Dans le premier cas, l'assignation, pour être valable, doit être donnée par l'administrateur légal de cette société, ès qualité, ou par son liquidateur, si le procès est engagé au cours de sa liquidation. Cependant, si la société vient à être déclarée nulle, ce n'est plus l'administrateur, mais l'auteur de l'invention qui a seul qualité pour agir. Dans le second cas, l'assignation ne peut être régulièrement donnée que par l'inventeur, resté propriétaire du brevet.

98. Il en serait autrement toutefois, si les co-associés pour la jouissance du brevet, avaient personnellement la propriété de tout ou partie de ce brevet. Ils auraient tous alors qualité pour poursuivre les contrefacteurs, et l'assignation devrait être donnée tant en leur nom personnel qu'au nom de la société.

99. — 3° Si la société demanderesse est une société civile, ne constituant pas, par conséquent, un être moral susceptible d'agir en justice, sous le nom de son agent général, de deux choses l'une encore : ou bien il s'agit de l'exercice de droits individuels, particuliers à chacun des associés, et conséquemment divisibles, ou bien il s'agit d'un intérêt commun et essentiellement indivisible, tel que l'exécution d'un contrat passé avec la société.

Dans la première hypothèse, l'assignation doit indiquer les noms des associés poursuivants, avec déclaration qu'ils agissent poursuites et diligences de l'agent général de la Société, au nom duquel l'exploit se trouve, en réalité, donné. Cette double mention a pour conséquence : 1° De permettre au défendeur de faire, au nom et au domicile de l'agent, toutes les significations possibles ; 2° De réserver à ce même défendeur le bénéfice de toutes les exceptions, défenses ou actions qu'il pourrait avoir à invoquer contre chacun des demandeurs.

Dans la seconde hypothèse, au contraire, l'assignation peut être valablement donnée au nom de l'agent général de la Société, ou des membres qui composent le Comité de direction.

100. — 4° Si le poursuivant est un failli, l'assignation n'est régulièrement faite en son nom qu'avec le concours du syndic de la faillite.

Il en est de même des femmes mariées, des mineurs, des interdits et, en général, de tous ceux qui ne jouissent pas d'une capacité civile complète. L'assignation par eux donnée n'est valable que s'ils sont assistés et autorisés des personnes qui peuvent les habiliter à ester en justice : maris, tuteurs, conseils judiciaires, autorisation de justice.

101. — II. *Personne du défendeur.* — C'est le droit commun qui s'applique. (Art. 61 et 69. Proc. civ.) Pour n'en rappeler qu'une des règles principales, il importe surtout que l'assignation indique avec exactitude le nom du défendeur, et au besoin, sa qualité, afin qu'il puisse se reconnaître.

Ainsi, serait nulle, par exemple, l'assignation donnée à une personne avec la qualité de père, lorsqu'en réalité elle est le fils et successeur dans l'établissement tenu jadis par le père, et que celui-ci n'y est plus même intéressé.

102. — III. *Spécification de la demande*. — L'assignation doit indiquer avec le plus grand soin :

1° Les brevets que le demandeur entend invoquer ;

2° L'étendue de ses revendications ;

3° Les faits de contrefaçon qu'il reproche au défendeur.

103. *Indication des brevets*. — On peut invoquer dans l'assignation des brevets qu'on n'aurait pas encore fait connaître, et qui ne se trouveraient mentionnés ni dans la requête à fin d'autorisation de saisie, ni dans le procès-verbal de saisie lui-même. Mais il n'est plus possible pour le demandeur de se prévaloir, au cours de l'instance, de brevets qu'il aurait laissés de côté lors de l'assignation. Il lui faut en ce cas introduire une instance nouvelle, procéder au moyen d'une seconde assignation, quitte à ce que les deux demandes soient jointes ensuite pour connexité.

Quant aux certificats d'addition, se rattachant aux brevets visés et pris antérieurement aux poursuites, l'assignation peut ne pas en parler, sans préjudice du droit pour le demandeur de les invoquer plus tard, si besoin est. Mais il en est autrement des certificats postérieurs aux poursuites qui, constituant des titres nouveaux, ne sauraient être, implicitement et par avance, compris dans la demande primitive. Ils ne peuvent que servir de base à une demande nouvelle.

104. *Revendications.* — Il importe également, il est même nécessaire au point de vue de la cassation, que l'assignation, tout en visant les brevets dont le demandeur veut se prévaloir, indique avec précision tout ce qu'il entend revendiquer. S'il s'était borné, par exemple, à revendiquer un droit privatif sur certains éléments seulement du brevet, sans parler des autres, il ne pourrait plus tard se faire un moyen de cassation de ce que le juge ne se serait pas prononcé sur le surplus du brevet.

Ajoutons toutefois qu'il est toujours possible, par des conclusions prises au cours de l'instance, de rectifier ou de compléter ce que l'assignation pourrait avoir de défectueux à cet égard.

105. *Faits de contrefaçon reprochés.* — Les faits de contrefaçon spécifiés dans l'assignation déterminent rigoureusement les pouvoirs du juge. Ainsi, le demandeur ne peut relever plus tard, à l'audience, d'autres faits que ceux contenus dans son exploit introductif d'instance.

Quant à la qualification de ces faits, à leur portée

légale, elle peut toujours être ultérieurement modifiée, pourvu que les faits restent les mêmes.

106. Au point de vue de sa forme extrinsèque, l'assignation en contrefaçon est soumise aux règles ordinaires de la procédure (Art. 59 et suiv. du Code de proc. civ.) qu'il est inutile de retracer ici.

Rappelons seulement ce principe d'un grand intérêt pratique ; c'est que toutes les nullités résultant de l'acte d'assignation doivent toujours être proposées avant toutes défenses ou exceptions autres que celle tirée de l'incompétence, — et ce, à peine de forclusion. (Voir formule 7.)

Nota. — En tête de l'assignation on doit donner copie : 1° De l'ordonnance du Président qui a autorisé la saisie ou la description avec la requête ; 2° Des procès-verbaux de saisie ou de description.

§ II. — Conclusions.

107. Après l'assignation, les conclusions sont l'acte le plus important de la procédure. Au point de vue de la cassation surtout, leur rédaction présente un intérêt capital. Ce sont elles, en effet, qui précisent le débat, en indiquant au juge, dans leur dispositif, les points sur lesquels il devra statuer, à peine de cassation pour défaut de motifs. On ne saurait donc trop s'attacher à formuler distinctement les différents chefs de demande ou de défense, afin de ne laisser place à aucun doute, ni à aucune équivoque.

108. Les conclusions ne sont jamais, comme on sait, que le développement de la demande originaire contenue dans l'assignation, et des moyens par lesquels on entend la soutenir. Elles peuvent sans doute modifier la demande primitivement faite, la rectifier même en tant que de besoin ; mais elles ne peuvent y ajouter des éléments nouveaux, y rattacher une nouvelle demande. C'est ainsi, par exemple, que le demandeur en contrefaçon ne serait pas recevable à demander dans ses conclusions la nullité d'un brevet invoqué par le défendeur au cours des débats. Cette demande n'ayant aucun lien direct avec la demande principale en contrefaçon, ne peut être valablement formée que par un exploit d'assignation.

109. Le défendeur, de son côté, peut par ses conclusions, rectifier la qualité en laquelle il aurait été par erreur assigné. Il a surtout intérêt à le faire, lorsqu'il se trouve cité comme fabricant, alors qu'il n'est, en réalité, qu'un simple débitant, et qu'il peut, à ce titre, invoquer l'excuse de sa bonne foi.

110. Quant à la forme extrinsèque des conclusions, à leur signification, à leur dépôt, etc., c'est le droit commun qui s'applique. Rappelons seulement deux règles d'un grand intérêt pratique :

1° Les conclusions sont recevables jusqu'à la prononciation du jugement, c'est-à-dire même après la clôture des débats et la mise en délibéré de l'affaire.

2° Les conclusions prises doivent être cotées, ou tout au moins mentionnées aux qualités du jugement ; sans quoi il n'en pourrait être fait état devant la Cour de cassation.

Il suffirait toutefois qu'elles fussent portées aux inventaires des pièces transmises au greffe de cette Cour pour établir que les juges du fond en ont eu connaissance.

111. Les demandes, en matière de contrefaçon, ne sont pas nécessairement communiquées au ministère public.

Son intervention n'est obligatoire que dans les cas prévus par l'art. 83 du Code de procédure civile [1].

---

1. Art. 83. Seront communiquées au Procureur de la République les causes suivantes :

1° Celles qui concernent l'ordre public, l'État, le domaine, les communes, les établissements publics, les dons et legs au profit des pauvres ;

2° Celles qui concernent l'état des personnes et les tutelles ;

3° Les déclinatoires sur incompétence ;

Dans tous les autres, il reste libre d'intervenir, si bon lui semble.

§ III. — Exceptions et moyens de défense.

112. Avant d'entrer dans la discussion du fond et de contester le mérite de la demande, le défendeur peut opposer deux sortes d'exceptions :

1° Les exceptions de droit commun, celles qui se rencontrent en toute matière ;

2° Les exceptions particulières à la matière de la contrefaçon.

Il peut, en outre, opposer certaines fins de non-recevoir soit de fait, soit de droit, telles qu'une convention consentie entre les parties, une transaction, l'excuse de bonne foi ou de provocation.

4° Les règlements de juges, les récusations, et renvois pour parenté et alliance ;

5° Les prises à partie ;

6° Les causes des femmes non autorisées par leurs maris, ou même autorisées, lorsqu'il s'agit de leur dot et qu'elles sont mariées sous le régime dotal ; — les causes des mineurs et généralement toutes celles où l'une des parties est défendue par un curateur.

7° Les causes concernant ou intéressant les personnes présumées absentes. — Le Procureur de la République pourra néanmoins prendre communication de toutes les autres causes dans lesquelles il croira son ministère nécessaire. Le Tribunal pourra même l'ordonner d'office.

ART. 1ᵉʳ. — EXCEPTIONS.

113. Les exceptions de droit commun sont préjudicielles ou dilatoires.

Nous nous bornerons à les rappeler ici en renvoyant pour leur application aux principes généraux du Code de procédure civile.

Les exceptions préjudicielles sont :

1° La caution à fournir par les étrangers demandeurs, ou *cautio judicatum solvi* ;

2° L'incompétence du Tribunal ;

3° La litispendance ;

4° La connexité ;

5° Les nullités de procédure ;

Les exceptions dilatoires sont :

1° Le sursis ;

2° Le recours en garantie.

114. *Observations :* — 1° En ce qui concerne la caution *judicatum solvi*, elle peut être réclamée de l'étranger demandeur, indépendamment de celle qu'il a dû déjà fournir en vertu de l'ordonnance de saisie.

Cette caution n'est d'ailleurs pas une faveur faite au Français, c'est une précaution prise contre l'étranger, c'est un moyen de rétablir une égalité de position judiciaire entre le premier qui offre des garanties de domicile, d'établissement, et le second sur qui l'on ne pourrait récupérer les frais qu'à la condition d'ouvrir une instance difficile et fort incertaine dans son pays.

115. D'ailleurs, il est des cas où le défendeur ne pourrait demander le dépôt de la *cautio judicatum solvi*.

a. Si les deux plaideurs sont étrangers.

La nécessité de rétablir l'égalité dans les garanties que s'offrent réciproquement les deux parties ne se ferait plus sentir dans ce cas.

b. Dans l'hypothèse de l'article 15 du code civil, c'est-à-dire quand l'étranger demandeur a été autorisé à fixer son domicile en France et à jouir par conséquent de tous les droits civils attachés au bénéfice de cette autorisation.

c. Lorsque cette dispense résulte en faveur de l'étranger demandeur de traités intervenus entre sa nation et la France.

Des traités de cette nature existent entre la France d'une part, et la Suisse et l'Italie d'autre part; ils dispensent de la caution les sujets italiens ou suisses plaidant en France et déclarent exécutoires en Suisse et en Italie les jugements rendus en France, et réciproquement.

De récents traités dispensent de la *cautio judica-*

tum solvi les étrangers de plusieurs pays, dans le cas où en vertu de ces mêmes traités, ils obtiennent chez nous le bénéfice de l'assistance judiciaire. (Traité du 19 février 1870 avec l'Italie; du 11 mars 1870 avec la Bavière; du 22 mars 1870 avec le Grand-Duché de Luxembourg; du 22 mars 1870 avec la Belgique.)

d. Si l'étranger justifie que ses immeubles situés en France sont suffisants pour répondre de la somme fixée comme caution par le Tribunal.

116. Nous ne parlons pas de la dispense écrite dans les articles 16 du Code civil et 423 du Code de procédure relativement aux matières commerciales, puisque les procès de contrefaçon ne sont jamais déférés aux tribunaux consulaires.

117. — 2° Les décisions du juge civil n'étant jamais subordonnées à celles du juge correctionnel, il n'y a pas lieu à sursis devant la juridiction civile.

Par contre, le sursis est possible devant le juge correctionnel, et par exemple, le défendeur à une action correctionnelle en contrefaçon serait recevable à demander un sursis fondé sur ce qu'il aurait formé de son côté une demande en nullité du brevet. Mais il n'en serait pas de même, si l'action en contrefaçon avait été portée devant le tribunal civil. (Lyon, 17 fév. 1872, *Ann.*, 1873. 297.)

118. — 3° Le recours en garantie n'est possible qu'autant que celui qui le forme n'est pas lui-même coupable de contrefaçon. Ainsi, par exemple, celui qui aurait mis en vente des objets contrefaits ne pourrait appeler en garantie son vendeur qu'autant qu'il ne serait à aucun point de vue complice de la contrefaçon.

119. — 4° La litispendance n'est possible, en matière de contrefaçon, comme en toute autre, que lorsqu'il s'agit de la même demande portée devant deux Tribunaux différents, c'est-à-dire lorsque le breveté a assigné le contrefacteur devant deux tribunaux différents pour un seul et même fait de contrefaçon.

Mais lorsque le breveté, après avoir commencé un procès correctionnel, assigne devant la juridiction civile le même contrefacteur pour un fait nouveau, ou alors qu'une instance en contrefaçon a été commencée au correctionnel, et que le prévenu porte devant le Tribunal civil une demande en nullité du brevet en vertu duquel il est poursuivi, il n'y a dans ces différents cas aucune litispendance, mais seulement connexité.

De même, il n'y aurait pas litispendance, au cas où deux Tribunaux différents auraient été saisis par exploit du même jour, et où, par suite, il serait impossible de déterminer lequel des deux a été saisi le premier, — alors surtout que, bien que s'agissant des mêmes faits, les mêmes parties ne se trouvaient pas assignées devant les deux Tribunaux. (Lyon, 12 déc. 1871 ; — 17 février 1872, *Ann.*, 73. 297.)

120. Au fond, comme moyen de défense, le défendeur peut encore opposer les exceptions de chose jugée et de prescription.

121. En ce qui concerne la chose jugée. (Voyez *infra* n°s 219 et suiv.)

122. Quant à la prescription, pour qu'elle soit opposable, il faut, s'il s'agit de contrefaçon par fabrication, que les faits reprochés remontent à plus de trois ans, et que, dans cet intervalle, aucun acte de poursuite de la part du demandeur, tel qu'une description ou une saisie, ne soit venu en interrompre le cours.

Observons d'ailleurs, que la contrefaçon n'ayant pas le caractère de délit successif, il y a toujours lieu de distinguer entre les faits antérieurs et ceux postérieurs à trois années, et suivant cette distinction, d'opposer la prescription.

123. Il en est de même en matière de contrefaçon par voie d'usage (Controverse[1]), par vente, exposi-

1. *Sic*, Pouillet, n° 1022 ; Faustin-Hélie, t. III, p. 707. — Cass., 6 décembre 1861, *Ann.*, 62. 209 ; — 14 août 1871, D. 71. 1. 282.—

tion en vente, introduction. Chaque fait constitue un délit distinct, et se prescrit séparément.

C'est ainsi que le fait de fabrication peut se trouver couvert par la prescription, sans qu'on puisse opposer la même exception au fait de vente.

De même, en cas de poursuite pour fabrication et usage continu, on ne peut séparer ces deux faits, et se prévaloir d'une prescription qui ne couvrirait que le délit de fabrication. (Rennes, 18 nov. 1874. *Ann.*, 75. 180.)

124. Au contraire, en matière de contrefaçon par recel, le délit étant continu, la prescription n'est opposable qu'autant que la possession a cessé depuis plus de trois ans. Il n'en est ainsi toutefois qu'autant qu'il s'agit du recel d'un même objet. S'il y avait recel de plusieurs objets, chaque fait de recel constituant un délit distinct, la prescription serait opposable comme en matière de fabrication ou de vente.

Dans tous les cas, c'est au défendeur qui oppose la prescription à en établir le point de départ.

125. Enfin, les exceptions spéciales à la matière de la contrefaçon sont celles tirées de la nullité du

Voy. aussi Lyon, 5 août 1875, *Ann.*, 76. 239 ; — Cass., 5 fév. 1876, S. 77. 1. 327. — *Contra*, Blanc, p. 673 ; — Metz, 11 fév. 1869 ; S. 69. 2. 204.

brevet, ou de sa déchéance, ou de la propriété de l'invention.

Parcourons successivement chacune de ces exceptions afin de bien établir les conditions dans lesquelles elles peuvent être invoquées.

EXCEPTIONS DE NULLITÉ.

126. Elles sont au nombre de huit, savoir :

1° L'exception prise du défaut de nouveauté de l'invention, de la découverte ou de l'application ;

2° L'exception prise de la non-brevetabilité de la découverte, de l'invention ou de l'application ;

3° L'exception prise du défaut de caractère industriel de l'objet breveté ;

4° L'exception prise du caractère illicite de l'invention ;

5° L'exception prise de l'inexactitude frauduleuse du titre ;

6° L'exception prise de l'insuffisance de la description ;

7° L'exception prise de la contravention à l'article 18 de la loi de 1844 ;

8° L'exception prise du défaut de relation du certificat d'addition avec le brevet.

127. — A. *Exception prise du défaut de nou-*

veauté. — L'exception prise du défaut de nouveauté, ou, comme on dit encore, de l'antériorité de l'invention, est opposable, lorsque l'invention a reçu en France ou à l'étranger, antérieurement au dépôt de la demande de brevet, une publicité suffisante pour pouvoir être exécutée.

128. Ainsi, ce qui constitue l'antériorité, ce n'est pas le fait que le breveté aurait puisé l'idée de son invention dans une précédente découverte ; c'est le fait que l'invention était déjà tombée dans le domaine public, quand le brevet a été pris, l'invention telle qu'elle a été brevetée plus tard, et telle qu'elle est revendiquée, de manière que la définition de l'invention divulguée s'applique exactement au brevet, sans qu'il faille tenir compte, d'ailleurs, des détails insignifiants, des proportions légèrement différentes, des dissemblances purement superficielles et qui ne touchent pas à l'essence même de l'invention.

129. Quant à la publicité, ou pour mieux dire, à la divulgation de l'invention, peu importe à quelle époque elle remonte, de quelle personne elle émane ; peu importent également le mode et l'étendue de cette publicité ; car il n'est pas nécessaire que le public proprement dit ait connu l'invention, il suffit que quelques-uns aient pu la connaître.

Peu importe encore que la publicité soit ou non intentionnelle, qu'elle se soit produite en dehors de la volonté de l'inventeur, contre son intention, ou qu'elle soit le résultat d'une erreur de sa part.

130. Elle pourrait même être le résultat d'une fraude, comme si un tiers, un ouvrier par exemple, avait dérobé les plans de l'inventeur et les avait publiés, sauf les dommages-intérêts, auxquels le tiers pourrait être condamné pour le préjudice causé. (Controverse [1]).

En tous cas, la révélation frauduleuse ne saurait faire obstacle au droit de l'inventeur de compléter son brevet par des certificats d'addition.

131. Partant de ces principes, quels faits, quels actes constituent la publicité, la divulgation ?

Tels seraient, par exemple :

132. — 1° Une confidence faite à un tiers et divulguée par lui, — sauf les dommages-intérêts pour le préjudice causé.

133. — 2° Une correspondance privée émanée d'un tiers, à moins qu'il ne soit établi que cette

---

1. *Sic*, Pouillet, n°ˢ 420 et suiv.; Bédarride, n° 393; Nouguier, n° 511; Renouard, n° 46; Rendu et Delorme, n° 402. — Cass., 24 décembre 1833. J. P. 33, 1098. — *Contra*, Huard, *Rép.*, art. 31, n. 85; Dalloz, v° *Brev. d'invent.*, n° 71; — Aix. 11 nov. 1863. *Ann.*, 65. 325; — Paris, 10 mai 1856, *Ann.*, 56. 217.

correspondance a été écrite sous le sceau du secret, et que, d'ailleurs, en fait, le secret n'a pas transpiré.

Il en serait de même d'une lettre émanée de l'inventeur lui-même, si le tiers à qui elle était adressée, au lieu de la tenir secrète, en avait communiqué le contenu, — sauf indemnité, bien entendu.

134. — 3° L'exhibition de l'objet inventé dans une exposition publique. — Toutefois, une telle exhibition ne peut être considérée comme une divulgation qu'autant qu'elle se produit dans des conditions qui font présumer de la part de l'inventeur l'abandon de sa découverte au domaine public [1], et qu'en fait, l'objet exposé est d'une nature telle que sa seule exhibition permet aux hommes du métier de l'exécuter. Il en serait de même de l'exposition de l'objet inventé dans un atelier ouvert au public.

135. — 4° La description de l'invention faite dans un cours public, ou dans un livre, à la condition toutefois que la publication ainsi faite ne se borne pas à faire connaître seulement l'objet de la découverte mais qu'elle indique aussi un mode d'exécution, des moyens et des procédés propres à réaliser industriellement l'invention.

---

1. Par exemple, lorsqu'il ne s'est pas muni du certificat provisoire de garantie institué par la loi du 23 mai 1868.

136. — 5° La vente de l'objet inventé, appareil ou produit, alors du moins que l'objet vendu est d'une nature telle que sa seule inspection, s'il s'agit d'un produit, révèle les procédés à l'aide desquels on l'obtient, et s'il s'agit d'un appareil, en dévoile la combinaison mécanique et permette au premier fabricant venu de l'exécuter.

Toutefois, il a été jugé qu'un fait unique de vente d'un produit fabriqué avec un procédé nouveau ne constituait pas une divulgation de l'invention. (Paris, 5 juill. 1845, cité par Blanc, p. 473.)

137. — 6° L'existence d'un brevet antérieur, pris par un tiers, le brevet ne fût-il pas expiré.

138. Peu importe que le brevet soit français ou étranger. Le seul fait auquel on doit s'attacher, c'est la publicité du brevet.

Or, la publicité du brevet date, non du moment où la demande a été déposée, quoique les effets du brevet remontent à ce moment même, mais de l'instant où le brevet a été réellement rendu public par la délivrance du titre.

139. C'est ainsi qu'une demande de brevet formée, puis retirée par son auteur, ne saurait constituer une antériorité.

140. Il en serait de même d'une première demande rejetée comme irrégulière.

141. Tout au plus pourrait-on voir dans ces faits une confidence de l'inventeur aux agents de l'administration, et, dès lors, on rentre dans le cas indiqué au n° 1, *supra*.

142. Quant au brevet étranger, il ne constitue une antériorité qu'à partir du moment où il a été en réalité publié d'après la loi du pays.

143. — 7° La découverte scientifique, lorsque par elle-même, telle qu'elle est présentée, elle est susceptible de passer dans le domaine public et de recevoir une application industrielle, sans qu'il soit nécessaire, d'ailleurs, que son auteur ait indiqué dans sa description l'usage ou l'utilité pratique qu'on en pourrait tirer.

144. — 8° La possession antérieure de l'invention par d'autres que le breveté, lorsque du moins cette possession n'a pas été tenue secrète, et qu'elle s'est *publiquement* révélée.

145. Un seul fait de possession antérieure, étranger au défendeur, ne l'autoriserait pas à invoquer l'exception.

Sur la possession antérieure de l'invention *personnelle* au défendeur. (Voy. *infra* n°s 186 et suiv.)

146. Mais il n'y aurait aucune divulgation dans l'usage secret de l'invention antérieurement au brevet :

147. Ni dans de simples essais faits devant quelques personnes, mais entourés de certaines précautions pour en assurer le secret, ou même faits publiquement, lorsque l'objet de l'invention est de telle nature que le fait seul d'avoir procédé à ces essais n'ait pu en relever la constitution et permettre de l'exécuter;

148. Ni dans la communication à titre confidentiel et privé aux sociétés savantes, — sauf toutefois la distinction faite au n° 1, *supra;*

149. Ni dans le dépôt sous pli cacheté, soit au secrétariat d'une société savante, soit au secrétariat du conseil des Prud'hommes;

150. Ni dans le fait d'un livre imprimé, mais non publié.

151. Quant aux faits eux-mêmes constitutifs de la publicité, c'est au défendeur qui invoque l'exception qu'incombe la charge de les prouver, en vertu du principe, *reus excipiendo fit actor.*

La loi admet d'ailleurs, à cet égard, tous les genres de preuve, et les Tribunaux ont sur ce point un pouvoir souverain d'appréciation. (V. toutefois, *infra* n°s 475 et suivants.)

Toutefois, ce pouvoir ne va pas jusqu'à leur permettre de faire prévaloir le fait sur le droit, et par exemple, ils ne pourraient faire état, comme élément de preuve de la publicité, d'un document produit à titre d'antériorité, mais postérieur au brevet.

152. — B. *Exception prise de la non-brevetabilité de la découverte.* — L'exception est opposable :

1° Lorsque, soit par suite d'une dissimulation habile, soit par la négligence de l'administration, le brevet recèle une composition pharmaceutique et, en général, tout ce qui peut servir de remède, en tant du moins que remède ; car si l'invention peut en même temps servir à un usage industriel, le brevet peut être valable à ce dernier point de vue.

2° Lorsqu'il s'agit de plans de crédit ou de finance, par exemple, l'invention dite du *pari mutuel* pour les courses de chevaux.

153. — C. *Exception prise du défaut de caractère industriel.* — L'exception est opposable dans deux cas seulement :

1° Lorsque le brevet ne constate qu'une conception purement théorique, un système purement abstrait et intellectuel, en un mot, un principe, une théorie scientifique, sans l'indication d'aucune application matérielle, saisissable, tangible, pratique de ce principe ou de cette théorie.

2° Lorsque le brevet n'indique qu'une application industrielle, et qu'il est invoqué pour telle ou telle autre. (Controverse [1].)

154. — D. *Exception prise du caractère illicite de l'invention.* — Cette exception est opposable à l'égard de toutes inventions qui seraient contraires soit à l'ordre ou à la sûreté publique, soit aux bonnes mœurs ou aux lois de l'État. C'est là, d'ailleurs, une question de fait abandonnée à l'appréciation souveraine des Tribunaux.

155. — E. *Exception prise de l'inexactitude frauduleuse du titre.* — L'exception n'est opposable que dans le cas où le breveté aurait eu l'intention de tromper sur l'objet véritable du brevet, et c'est au défendeur à établir la fraude. Autrement, il n'y a qu'une insuffisance du *titre* qui ne saurait entraîner la nullité du brevet lui-même, si, d'ailleurs, la description jointe au brevet, permet d'en combler les lacunes, ou d'en redresser les inexactitudes.

156. — F. *Exception prise de l'insuffisance de la description.* — L'exception est opposable dans deux cas :

1° Lorsque la description n'est pas suffisante pour l'exécution de l'invention, ou lorsqu'elle indique inexactement les résultats à obtenir.

---

1. *Sic*, Pouillet, n° 449. — *Contra*, Blanc, p. 459.

Ainsi, le criterium, c'est l'impossibilité pour un homme du métier d'exécuter l'objet breveté, sur la seule description qui en est donnée au brevet, ou l'impossibilité d'arriver, en suivant fidèlement les procédés décrits, aux résultats indiqués.

Peu importe, d'ailleurs, la cause de l'insuffisance de la description, qu'elle tienne à la bonne foi du breveté, qui aurait eu l'intention d'être clair et compris de tous, ou qu'elle provienne d'une erreur de fait dans la disposition respective des différents éléments de l'invention.

157. Toutefois, il ne faut rien exagérer, et il est bien certain, par exemple, qu'une expression inexacte, un mot mis pour un autre, ou employé dans un sens qui n'est pas sa véritable signification grammaticale ou scientifique, n'autoriserait pas le défendeur à exciper de l'insuffisance de la description, lorsque la chose se comprend de soi et que la description, quoique imparfaite, permet cependant d'exécuter l'invention, ou d'arriver aux résultats indiqués en employant les procédés décrits.

De même, le défendeur ne saurait se prévaloir de ce que la description n'exposerait pas les détails théoriques de l'invention, les principes sur lesquels elle repose, et n'énumèrerait pas tous les avantages qu'elle peut procurer.

158. Au surplus, la description doit se suffire à elle-même, et n'avoir pas besoin d'être complétée par des documents pris en dehors du brevet.

Mais, bien entendu, la description peut être complétée et éclairée, si besoin est, soit par les dessins joints au mémoire descriptif, soit par les échantillons qui s'y trouvent annexés ; et lorsque ces échantillons n'ont pas été conservés par une faute imputable à l'administration seule, leur disparition ne saurait nuire au breveté et permettre au défendeur d'exciper de l'insuffisance de la description.

159. En tous cas, lorsqu'il y a doute sur la pensée de l'inventeur, lorsque le titre du brevet, joint à la description et à tous les éléments qui s'y rattachent, ne permet pas au juge de connaître exactement ce que le breveté a voulu revendiquer, et, par suite, lorsqu'il y a lieu d'interpréter le brevet, cette interprétation doit être faite contre le breveté lui-même.

160. — 2° Lorsque la description n'indique pas d'une manière loyale et complète les vrais moyens de l'inventeur.

Cette exception se présentera rarement, car il est presque impossible, en fait, d'établir la dissimulation par l'inventeur de ses véritables moyens, celui-ci pouvant toujours répondre qu'il n'a découvert

4

les moyens qu'il emploie, au lieu de ceux qu'il a décrits, que depuis la prise de son brevet.

161. *Exception prise de la contravention à l'article* 18. — La loi est formelle : d'une part, elle accorde au breveté pendant une année à partir du dépôt de la demande, le droit exclusif de se faire breveter, de préférence à tous autres, pour tous les perfectionnements, changements ou additions; et, d'autre part, elle oblige les tiers qui trouveraient à perfectionner l'invention, à ne prendre un brevet pendant ce même délai que sous pli cacheté, à peine de nullité.

162. Le défendeur quel qu'il soit, qu'il s'agisse du breveté ou de tout autre intéressé peut opposer la nullité du brevet pris en contravention à cet article.

163. — H. *Exception prise du défaut de relation du certificat d'addition avec le brevet.* — Cette exception ne peut être invoquée qu'autant que le certificat d'addition ne se rattache ni de près, ni de loin au brevet principal, qu'autant que les additions, changements, perfectionnements n'ont aucun rapport avec l'idée-mère du brevet, qu'ils ne tendent pas à la réaliser par des moyens nouveaux, même en lui donnant une extension plus grande.

Au surplus, c'est là une question toute de fait, et,

dès lors, abandonnée à l'appréciation souveraine des tribunaux.

EXCEPTIONS DE DÉCHÉANCE.

164. — A. *Exception prise du défaut de paye-ment de la taxe.* — L'exception est opposable au breveté ou à ses ayants-droit, lorsque la taxe n'a pas été acquittée, avant le commencement de chacune des années de la durée de son brevet (art. 32).

L'année commence le jour du dépôt de la de-mande ; elle finit le jour anniversaire de ce dépôt, sans qu'il y ait lieu de tenir compte des heures de dépôt et de versement de l'annuité.

Quand le jour de l'échéance est un jour férié, le payement a dû être effectué la veille.

Notons, au surplus, que c'est toujours la date du brevet qui fixe l'échéance de l'annuité, sans qu'on puisse jamais se prévaloir de celle du certificat d'ad-dition, qui, n'étant que l'accessoire du brevet, ne saurait avoir aucune influence sur son sort.

Toutefois, l'exception ne serait plus recevable si le breveté opposait la force majeure, conformément aux principes du droit commun.

165. Mais l'exception n'est pas opposable au

cessionnaire du brevet pour défaut de payement du montant intégral de la taxe[1].

165 *bis*. En cas de brevet simultanément pris en France et à l'étranger, lorsque le brevet étranger a pris fin par une cause quelconque, accidentelle ou autre, l'exception de déchéance est opposable au brevet français, dont la durée se trouve liée à celle du brevet étranger. (Controverse[2].)

166. — B. *Exception prise du défaut d'exploitation*. — L'exception peut être invoquée :

167. — 1° Quand le breveté n'a pas exploité son invention soit par lui-même, soit par un représentant, cessionnaire, licencié, ou autre, dans le délai de deux années à dater du jour de la signature de son brevet.

168. — 2° Lorsque l'exploitation n'a pas eu lieu en France ou dans les colonies.

169. — 3° Lorsque, ayant commencé l'exploita-

---

1. L'administration ne publiant aucun tableau officiel des déchéances encourues pour défaut de payement de la taxe, les intéressés doivent se renseigner au ministère de l'Agriculture et du Commerce (bureau des brevets), et contrôler, d'ailleurs, les déclarations souvent erronées qui leur sont faites par tous les moyens de contrôle et d'investigation qui sont en leur pouvoir.

2. *Sic*, Cass., 14 janv. 1864, S., 64.1.200 ; — Nouguier, n° 380 ; Blanc, *Invent. breveté*, p. 314 ; Goujet et Merger, *Rép. du droit comm.*, v° *Invention*, n° 430. — Voy. aussi Cass., 17 mai 1872. *Journ. de droit internat.*, 1874, p. 121. — *Contra*, Bozérian, *Journ. de droit intern. privé*, 1877, p. 217.

tion, le breveté l'a ensuite interrompue pendant deux années consécutives.

L'exploitation doit être sérieuse, réelle, effective, en un mot commerciale, c'est-à-dire révéler chez son auteur l'intention de faire profiter le public de son invention, quels que soient d'ailleurs, et le mode d'exploitation choisi, et l'étendue donnée à l'exploitation même, et le résultat commercial obtenu.

Ainsi, lorsqu'il s'agit de machines, par exemple, le breveté pourrait se borner à ne faire commerce que de leurs produits sans les livrer elles-mêmes au public. Peu importerait également le nombre des ventes, ou même qu'il n'y en ait eu aucune; du moment que le breveté s'est mis en mesure de vendre, et par conséquent, d'exploiter, l'exception n'est pas recevable.

Il en est de même, lorsque l'inaction du breveté tient à des causes indépendantes de sa volonté, et qu'il en justifie, telles que, la maladie, l'insuffisance de ressources pécuniaires, les circonstances politiques, etc.

170. — 4° Lorsque le brevet comprenant plusieurs branches, plusieurs procédés, sans analogie entre eux et visant chacun un but différent, l'exploitation n'a été que partielle.

L'exception, dans ce cas, est naturellement limi-

4.

tée aux éléments non exploités du brevet, mais toujours sous réserve pour le breveté de justifier des causes de son inaction.

171. — 5° Lorsque le breveté exploite, en réalité, un objet différent de celui pour lequel le brevet a été pris.

Mais il faut qu'il s'agisse de différences essentielles, capitales, qui changent complètement le caractère et la nature de l'invention.

172. — 6° Lorsque l'exploitation du brevet, tel qu'il a été pris, est impossible, par suite de la nature même de l'invention.

Toutefois l'exception, dans ce cas, peut être repoussée par la preuve d'une exploitation sérieuse, réalisée à l'aide de perfectionnements de détail, qui ne touchent pas, d'ailleurs, à l'essence même de l'invention.

173.—7° Lorsque, dans l'hypothèse d'un brevet de perfectionnement pris par un tiers, et qu'à ce titre, le breveté n'avait pas le droit d'exploiter pendant toute la durée du brevet principal, il est possible d'établir, en fait, que si le breveté n'a pas exploité, c'est parce qu'il ne l'a pas voulu, alors qu'il lui était facile d'obtenir à cet égard une licence du breveté principal, et qu'ainsi son inaction est due, non à la prohibition légale qui lui défendait d'exploiter, mais à un calcul volontaire de sa part, — sauf au breveté auquel cette exception serait opposée, à la repousser, en justifiant des causes de son inaction, comme il a été dit ci-dessus, n° 3. (Controverse[1].)

174. Tout ce que nous avons dit du défaut d'exploitation du brevet, s'applique au certificat d'addition.

Toutefois, l'exception tirée du défaut d'exploitation du certificat d'addition ne saurait être soulevée contre le brevet lui-même, tandis que l'exception prise du défaut d'exploitation du brevet peut être opposée au certificat d'addition.

175. En dehors des cas que nous venons d'énumérer, l'exception cesse d'être opposable. Ainsi, le défendeur ne pourrait exciper d'une renonciation faite par le breveté, soit expressément, en déclarant qu'il abandonnait son invention, soit tacitement, en tolérant autour de lui de nombreuses contrefaçons, du moment qu'en fait, il n'aurait pas cessé d'exploiter son brevet, et qu'il en rapporterait la preuve.

176. Quant à la preuve du défaut d'exploitation, elle est sans doute, en principe, à la charge du dé-

---

1. *Sic*, Huard, *Journ. de la Prop. industr.*, n° 127. — Douai, 20 *juillet* 1859, *Ann.*, 1861. 4. — *Contra*, Pouillet, n° 521 ; — Cass., 6 mars 1858, D. 1858. 1. 342.

fendeur qui invoque l'exception, mais pas entière-ment toutefois. Il lui suffit d'apporter des présomptions graves et sérieuses de non-exploitation, pour que le fardeau de la preuve retombe sur le demandeur, obligé d'établir par ses livres de commerce ou par tout autre mode de preuve, qu'en fait il a réellement exploité.

Au surplus, c'est là une question de pur fait, dont les Tribunaux sont souverainement juges.

177. — C. *Exception prise de l'introduction en France.* — L'exception est opposable à tout propriétaire, co-propriétaire, cessionnaire du brevet, ou associé à son exploitation, qui a introduit ou autorisé l'introduction en France, dans un but commercial, d'objets fabriqués en pays étranger et semblables à ceux qui sont garantis par le brevet.

178. Il n'en est autrement que s'il s'agit de modèles de machines, ou d'objets quelconques fabriqués à l'étranger, dont l'introduction en France a été autorisée par le ministre de l'Agriculture et du Commerce, pour figurer dans des expositions publiques, ou servir à des essais faits avec l'assentiment du gouvernement. (Art. 32.)

De même, au cas où le breveté n'aurait introduit les objets en France que pour les réparer, à raison de leur défectuosité, et les aurait ensuite réexportés à l'étranger pour être vendus au lieu de leur fabrication (Paris. 12 Juin 1869. *Ann.*, 70. 110).

179. Mais l'exception deviendrait de nouveau opposable, si, après avoir été introduit à titre de modèle ou pour servir à des expériences, l'objet avait été ensuite détourné de sa destination et commercialement exploité. (Controverse [1].)

Il en serait ainsi surtout, si l'objet avait été introduit sans autorisation préalable.

180. La loi ne parlant que d'objets semblables à ceux du brevet, on ne saurait se prévaloir de ce que le breveté aurait tiré de l'étranger ses matières premières.

Mais on pourrait exciper de l'introduction de pièces détachées, d'organes séparés d'une machine, si toutefois ces pièces et ces organes formaient des éléments essentiels, principaux, caractéristiques de l'invention, de manière que l'emploi de ces organes ou de ces pièces constituerait une contrefaçon au regard du breveté.

A plus forte raison, l'exception serait-elle recevable, si toutes les pièces et tous les organes avaient été successivement et séparément introduits, pour être ensuite montés et ajustés en France.

---

1. *Sic*, Pouillet, n° 535. — *Contra*, Douai, 17 mai 1859. *Ann.*, 1862. 247. — *Voy.* aussi Huard, *Rép.*, art. 32, n. 36.

181. Enfin, le défendeur pourrait tirer une exception du fait que le breveté aurait trafiqué, ou se serait servi dans un but commercial d'objets contrefaits, fabriqués en pays étrangers, introduits en France, et confisqués à son profit. (Controverse [1]).

182. — D. *Exception de propriété*. — Tout défendeur, quel qu'il soit, même l'État, auteur ou non de la découverte ou de l'invention, peut opposer cette exception à toute personne, même au cessionnaire de bonne foi et revendiquer ainsi la propriété du brevet [2].

183. Mais pour que l'exception soit opposable, il faut : 1° Que le défendeur invoque un brevet antérieur en date ; 2° Qu'il soit exempt de fraude ou de mauvaise foi, c'est-à-dire qu'il n'ait pas dérobé l'invention *au demandeur* et, par suite, usurpé le brevet.

Peu importe, d'ailleurs qu'en réalité l'invention soit ou non nouvelle.

---

1. *Sic*, Nouguier, n° 810 bis; Pouillet, n° 543. — *Contra*, Blanc, *Journ. de la Prop. indust.*, n° 385.

2. Toutefois, en ce qui concerne l'État, la question est controversée. (Voy. Cass., 25 janvier 1856. Dal., 56. 1. 140. — *Contra*, Pouillet, n° 625).

*Observation commune aux trois exceptions de nullité,
de déchéance et de propriété des brevets.*

184. Dans tous les cas où le défendeur soulève, par une exception quelconque, la question de nullité, de déchéance ou de propriété du brevet invoqué contre lui, la cause doit être communiquée au ministère public, dans la forme déterminée au Code de procédure civile, art. 339.

ART. 2. — FINS DE NON-RECEVOIR.

185. Comme fins de non-recevoir de fait, le défendeur peut d'abord opposer celles qui tiennent aux circonstances particulières de l'affaire, et dont nous n'avons pas à nous occuper ici.

186. Il en est ensuite trois principales que l'on retrouve dans tous les procès en contrefaçon.

Le défendeur peut toujours opposer :

1° Qu'il a été autorisé par le demandeur à faire ce qu'il a fait ;

2° Qu'il n'est ni l'auteur, ni le complice des faits de contrefaçon reprochés ;

3° Que le brevet invoqué est sans valeur à son égard, parce qu'il était en possession de l'invention, antérieurement à ce brevet.

187. Mais pour que cette dernière fin de non-recevoir soit opposable, il faut que la possession antérieure de l'invention soit :

1° Personnelle au demandeur;

2° Non publique ;

3° Légitime, certaine, et fondée sur des faits précis et non équivoques.

C'est du reste au défendeur qu'incombe la charge de prouver le fait de sa possession.

188. Quant à la fin de non-recevoir tirée de la bonne foi, elle n'est opposable que de la part des détenteurs, introducteurs ou débitants d'objets contrefaits. Elle ne peut jamais être invoquée par le fabricant ni par celui qui a fait de la chose contrefaite un usage commercial, ou par leurs complices.

189. La seule excuse dont ces derniers, le fabricant surtout, puissent se prévaloir, c'est la provocation à fabriquer dont ils auraient été l'objet de la part du demandeur.

Encore la simple provocation du fait du breveté ou de tiers agissant en son nom, ne suffirait-elle pas ; car le fabricant est réputé connaître le brevet, et c'est à lui, avant d'exécuter la commande, à se renseigner auprès du véritable titulaire. Il faudrait de plus que la provocation eût été entourée de manœuvres de nature à surprendre la confiance et à forcer la bonne foi du fabricant.

Observation générale.

190. Les exceptions de droit commun (*préjudicielles* et *dilatoires*) doivent toujours être opposées avant toutes défenses au fond, et dans l'ordre que nous avons indiqué, *supra* nº 113, à peine de n'être plus recevables.

Il n'en est autrement que pour l'exception d'incompétence *ratione materiæ*, au cas où par exemple une demande en contrefaçon aurait été portée devant la juridiction commerciale ou devant le juge de paix. En ce cas, l'incompétence étant d'ordre public, l'exception peut être opposée en tout état de cause. Elle devrait même être soulevée d'office par le juge.

191. Au contraire, les exceptions de nullité, de déchéance et de propriété du brevet, s'attaquant au mérite même de la demande au fond, peuvent être proposées en tout état de cause. De même, la prescription étant une exception d'ordre public, peut être opposée en tout état de cause, même après une condamnation à des dommages-intérêts à fixer par état, sans qu'on puisse jamais induire d'aucune circonstance que les parties y ont directement ou indirectement renoncé.

192. Quant aux fins de non-recevoir que nous avons indiquées, comme elles s'attaquent seulement à la demande, à sa régularité dans la forme, sans contester le fond, elles doivent être proposées *in limine litis*, sous peine d'être repoussées comme tardives si elles ne sont invoquées qu'après défense au fond.

§ **IV.** — **Mesures d'instruction préparatoires.**

193. Lorsqu'il y a lieu d'examiner au fond la question de contrefaçon, ou, lorsque, sur les exceptions de nullité du brevet soulevées par le défendeur, il y a lieu de rechercher si l'invention était vraiment nouvelle, et par suite brevetable, le juge peut, si l'affaire ne lui paraît pas en état d'être jugée, ordonner certaines mesures d'instruction préparatoires, destinées à éclairer sa conscience, telles qu'une expertise, une enquête ou la comparution des parties.

De l'enquête et de la comparution des parties nous n'avons rien de particulier à dire ici. Ce sont les règles du droit commun qui s'appliquent (Art. 119 et 252 à 294, C. proc. civ.).

194. *Expertise.* — En cas d'expertise, c'est bien encore le droit commun qui s'applique ; mais il y a lieu de faire à cet égard les observations suivantes :

195. L'expertise peut être ordonnée soit sur la demande des parties, soit d'office, et malgré elles. Les juges ont à cet égard un pouvoir absolument discrétionnaire.

196. Les experts sont nommés par le Tribunal soit d'office, soit sur la désignation des parties.

197. Ils doivent être au nombre de trois, à moins que les parties ne soient d'accord pour n'en nommer qu'un seul.

198. En cas de décès de l'un des experts au cours de leurs travaux, la mission des autres est interrompue, jusqu'à ce qu'il ait été pourvu par les soins de la partie la plus diligente au remplacement de l'expert décédé. Toutes les opérations que feraient dans cet intervalle les deux experts survivants seraient nulles et de nul effet, alors même qu'ils seraient d'accord et constitueraient ainsi une majorité.

Le consentement des parties pourrait seul donner force et valeur à l'expertise ainsi faite.

Mais bien entendu, si l'expertise régulièrement terminée, l'un des experts vient à mourir, rien n'empêche les juges, au cours des débats, de

demander aux survivants les éclaircissements nécessaires sur leurs travaux communs. Il n'y aurait
pas là, à proprement parler, une nouvelle expertise,
exigeant l'application de toutes les règles et formalités ordinaires.

199. Les experts doivent toujours être choisis
parmi les hommes qui, en dehors de leurs connaissances techniques, présentent aux parties comme
au juge toutes garanties d'impartialité. C'est ainsi,
par exemple, que ne pourrait être choisi comme
expert dans une affaire de contrefaçon, l'homme de
l'art qui aurait été précédemment arbitre dans une
contestation entre le breveté et un contrefacteur
quelconque, relativement au même brevet.

200. Du reste, les experts nommés peuvent toujours être récusés, d'après les règles du droit commun. (Art. 308 et suiv. du Code de proc. civ.)

201. Le tribunal, en nommant les experts,
doit limiter leur mission ainsi qu'il le juge
convenable, et indiquer avec la plus grande
précision les points sur lesquels il désire être ren-
seigné.

202. Dans tous les cas, qu'il s'agisse de recherches sur une ou plusieurs questions particulières, ou
que l'expertise ait un objet plus général et non spécialement déterminé, les experts ne pourront jamais

se livrer à une enquête ; car ce serait sortir du cadre de leurs attributions.

203. Au surplus, les experts ne doivent jamais oublier qu'ils ne sont nommés que pour donner des éclaircissements techniques sur des questions de fait, qui sont en dehors des connaissances usuelles des magistrats. Ils doivent s'abstenir avec soin de toute appréciation de droit, sans que pourtant le fait d'avoir donné leur avis sur une difficulté légale puisse jamais vicier leur rapport ni en la forme, ni au fond.

204. Les parties doivent toujours être présentes à l'expertise, ou tout au moins y être dûment appelées, afin de fournir leurs explications.

205. L'expertise faite hors de la présence d'une des parties en cause, défendeur, appelé en garantie, intervenant, et sans que cette partie ait été mise à même de s'y présenter, ne lui serait pas opposable.

206. Les experts sont toujours libres d'appeler devant eux un tiers pour le consulter et s'éclairer de ses lumières, fût-ce même un autre expert nommé dans une autre affaire présentant les mêmes questions à juger.

207. Le Tribunal n'est jamais lié par l'avis des experts et les conclusions auxquelles ils aboutissent.

C'est ainsi que, l'expertise ordonnée et avant qu'elle soit terminée, il peut passer outre au jugement, s'il se croit suffisamment édifié par les autres documents de la cause ; ou bien encore il peut, en cas de nullité de l'expertise, n'en pas ordonner une nouvelle et rendre immédiatement sa sentence, s'il estime pouvoir le faire sans le secours de cet élément de décision.

208. Enfin, le tribunal peut aussi, tout en refusant d'ordonner une expertise, prendre en considération une expertise précédemment faite entre l'une des parties en cause et un tiers, dans des circonstances analogues et sur des faits semblables, puisque, aussi bien, il lui est loisible de chercher la vérité dans tous les documents qu'il peut avoir à sa disposition.

209. Il pourrait même fonder sa décision sur des expertises intervenues dans des instances antérieures et entre d'autres parties, pourvu que les parties en cause aient pu prendre connaissance de ces expertises, et qu'elles aient d'ailleurs accepté, sans protestation ni réserve, d'en débattre contradictoirement les conclusions.

210. L'expertise peut être demandée en tout état de cause, pourvu que la partie qui la demande n'ait pas opposé d'abord des moyens de défense qui impliquent de sa part un aveu de culpabilité.

211. L'expertise peut être viciée par toutes les nullités indiquées au Code de procédure civile. (Art. 302 à 323.)

212. Seulement la demande en nullité doit toujours être formée *in limite litis*.

213. Les experts ont droit à des honoraires, lesquels doivent être taxés par le Président de la chambre qui les a nommés.

Toutefois, si les experts ou les parties s'opposent à l'interlocutoire délivré par le Président, le débat doit être porté devant la juridiction ordinaire, seule compétente, selon nous, pour régler le litige, et non en chambre du conseil. (Controverse [1].)

§ V. — Incidents.

214. Tous les incidents qui peuvent se produire au cours de l'instance, vérification d'écritures, faux incident civil, enquête, interrogatoire sur faits et articles, intervention, reprises d'instance, désaveu, règlement de juges, renvois, récusation, péremption d'instance, désistement, etc., etc., sont réglés par le droit commun.

---

1. *Sic*, Bertin, *Ann.*, 1861. 413. — *Contra*, Paris, 12 juill. 1860, et Cass., 22 déc. 1860, *Ann.*, 1861. 408.

Faisons observer toutefois qu'en matière d'intervention il a été jugé :

215. — 1° Que le cessionnaire même partiel d'un brevet a le droit d'intervenir dans une instance civile en contrefaçon, bien que les faits poursuivis se soient passés en dehors des départements désignés dans sa cession. (Paris, 24 avril 1867, *Ann.*, 67. 132.)

216. — 2° Que, lorsqu'une société commerciale française ou étrangère, a agi régulièrement sous sa raison sociale, ses membres ne sont pas recevables à intervenir personnellement dans l'instance. (Paris, 30 mars 1865, *Ann.*, 66. 161.)

§ VI. — Résultats de la demande.

217. Toute instance en contrefaçon peut aboutir à deux sortes de jugements :

1° Jugement sur les exceptions et fins de non-recevoir soulevées par le défendeur ;

2° Jugement au fond.

Examinons successivement ces deux hypothèses.

ART. 1er. — JUGEMENT RENDU SUR LES EXCEPTIONS ET FINS DE NON-RECEVOIR SOULEVÉES PAR LE DÉFENDEUR.

218. En principe, les jugements rendus sur les

exceptions et fins de non-recevoir opposées par le défendeur, ont entre les parties l'autorité de la chose jugée conformément au droit commun. (art. 1351, Code civil.) Ainsi, que sur les exceptions soulevées, le jugement prononce la nullité du brevet ou sa validité, qu'il le déclare ou non frappé de déchéance, qu'il attribue, ou refuse, au défendeur la propriété de l'invention ; qu'il lui en reconnaisse, ou qu'il lui en dénie la possession antérieure ; qu'il accueille enfin, ou qu'il repousse toute autre exception ou fin de non-recevoir tirée des circonstances particulières de l'espèce, — il y a là autant de questions définitivement tranchées entre les parties et leurs ayants-cause. Mais, bien entendu, à l'égard de tout autre intéressé, non partie au procès, la décision rendue ne constitue qu'un simple préjugé, dans lequel il pourra seulement, le cas échéant, puiser des arguments sans pouvoir jamais l'invoquer comme un titre.

219. Toutefois, en ce qui concerne les exceptions de nullité, de déchéance ou de propriété, les jugements, ont, au point de vue de la chose jugée, des effets plus ou moins étendus [1].

---

1. Il ne s'agit ici, bien entendu, que des jugements rendus par les tribunaux français. Quant aux jugements des tribunaux étrangers, on ne pourrait les invoquer comme constituant la chose jugée

220. Il faut, à cet égard, distinguer deux cas :

1° Le cas où le jugement a été rendu entre les parties seules ;

2° Le cas où le jugement a été rendu entre les parties et le ministère public, partie intervenante. (Voyez *supra*, n° 111.)

221. — 1° Jugement rendu entre les parties seules. — De deux choses l'une ; ou il accueille l'exception, ou il la repousse.

S'il l'accueille, c'est le droit commun qui s'applique. La nullité ou la déchéance du brevet est un point jugé entre les parties, et qui ne pourra plus être remis en question.

En outre, la déchéance prononcée entraîne la nullité des saisies faites postérieurement à l'époque où elle a été encourue. (Voy. *Ann.* 71-72, p. 210.)

S'il repousse l'exception, il y a également chose jugée entre les parties, et quant à la validité du brevet, et quant à la cause de nullité ou de déchéance dont il avait été excipé.

222. Quant à la validité du brevet, il y a chose jugée en ce sens que la décision rendue lie le juge

qu'autant qu'ils auraient été déclarés exécutoires en France, conformément au droit commun. Autrement, ils n'auraient que la valeur de simples documents, sans lier en aucune manière les tribunaux français dans leur appréciation tant au point de vue des faits qu'au point de vue du droit.

pour l'avenir, le juge correctionnel aussi bien que le juge civil. Mais elle ne l'oblige, bien entendu, que dans les limites de la chose jugée, c'est-à-dire que, ultérieurement saisis d'une demande entre les mêmes parties pour des faits de contrefaçon relatifs au brevet déclaré valable, les tribunaux ne sont liés dans leur appréciation que sur la question de validité du brevet. Ils conservent toute leur indépendance d'appréciation quant aux faits mêmes de contrefaçon, et rien ne les empêcherait, le cas échéant, de déclarer que la contrefaçon reprochée n'existe pas.

. **223.** Quant aux causes de nullité ou de déchéance invoquées comme exceptions, l'étendue de la chose jugée varie suivant qu'il s'agit de nullité ou de déchéance.

224. Lorsqu'il s'agit de nullité, il y a chose jugée définitivement quant à la cause de nullité dont il avait été excipé.

Sans doute, le défendeur pourra opposer une autre cause de nullité, sans craindre de se voir opposer la chose jugée. Mais il ne pourra plus exciper de la même cause de nullité, même en la fondant sur des faits ou des moyens nouveaux. Ainsi, après avoir opposé la nullité du brevet pour insuffisance de description, le défendeur pourra ensuite exciper de la nullité du brevet pour défaut de nouveauté de l'invention. Mais si, ayant opposé la nullité à raison de telle ou telle antériorité, il avait été repoussé, il ne pourrait plus opposer de nouveau la même nullité en se fondant sur une antériorité nouvelle, dont il n'aurait pas parlé lors du premier procès.

225. Toutefois, il y a une réserve à faire, pour le cas où la première exception de nullité ayant été fondée sur ce que l'invention reproduisait des moyens du domaine public, la seconde exception serait fondée sur la divulgation de l'invention par le breveté lui-même.

Dans les deux cas, il s'agit toujours bien de la même cause de nullité, le défaut de nouveauté, dû seulement à des circonstances différentes, à des motifs différents, — et pourtant, l'exception pourra être reproduite ; mais la raison de décider ainsi est toute d'équité ; car il est juste et raisonnable qu'on puisse toujours se prévaloir contre le breveté de faits qui lui sont personnels, et dont la découverte a pu nécessiter un temps plus ou moins long.

226. Au contraire, lorsqu'il s'agit de déchéance, l'exception peut toujours être reproduite, sans crainte de se heurter à la chose jugée. Ainsi, l'exception de déchéance, fondée, par exemple, sur l'introduction en France du fait du breveté d'objets similaires à ceux du brevet, et d'abord repoussée, peut être de nouveau opposée, si, depuis le premier procès, le breveté a fait de nouveaux actes d'introduction. Il ne faut pas que le breveté puisse, ayant une fois triomphé d'une accusation injuste, se livrer impunément dans la suite, et sans encourir de déchéance, à des actes d'introduction défendus par la loi.

227. — 2° Jugement rendu sur l'intervention du Ministère public.

La chose jugée acquiert, en ce cas, une autorité des plus étendues.

Toutefois, il faut distinguer suivant que, sur les réquisitions du Ministère public, l'exception est admise, et la nullité ou la déchéance sont prononcées, ou que l'exception est repoussée, et le brevet déclaré valable et régulier.

228. La nullité du brevet est-elle prononcée? Le Ministère public gagne son procès, et comme il représente tous ceux qui peuvent avoir intérêt à se prévaloir de la nullité du brevet, tout le monde le gagne avec lui; le brevet est désormais sans valeur aucune *erga omnes,* sa nullité est absolue.

Cependant, il n'en est ainsi que pour l'avenir; la nullité du brevet n'a pas d'effet rétroactif, et laisse toute leur force aux décisions de justice antérieures qui auraient donné gain de cause au breveté contre de prétendus contrefacteurs.

229. Au contraire, le brevet est-il maintenu malgré le Ministère public? Alors, il perd son procès, et la chose jugée contre lui ne l'est pas contre tous. A l'avenir, tous les intéressés pourront, pour leur compte, reprendre la question et invoquer la nullité ou la déchéance du brevet. (Controverse [1].)

Mais bien entendu, le jugement ainsi rendu contre le Ministère public, a toute l'autorité de la chose jugée au point de vue de la cause de nullité ou de déchéance sur laquelle était fondée l'exception, d'après les distinctions que nous avons indiquées *supra*, n°s 223 et suivants.

230. Les jugements qui prononcent la nullité ou la déchéance d'un brevet sur les réquisitions du Ministère public doivent être portés à la connaissance du public intéressé à savoir qu'il a gagné son procès.

A cet effet, l'art. 39 de la loi de 1844 prescrit au Ministère public de donner avis à l'administration de l'Agriculture et du Commerce des jugements ou

1. *Sic*, Pouillet, n⁰ 600; Renouard, n⁰ 199; Bédarride, n⁰ 359; Rendu et Delorme, n°s 474 et 482; Duvergier, p. 610. — *Contra*, Nouguier, n⁰ 635; Pataille, *Annales*, 1856, p. 257; Le Senne, n°s 285 et 286; Calmels, n⁰ 699.

arrêts qui prononcent, sur ses réquisitions, la nullité ou la déchéance d'un brevet, afin que ces décisions soient publiées dans la même forme que les brevets eux-mêmes.

Il est de règle, toutefois, avant de faire cette publication de s'assurer si le jugement ou l'arrêt n'a pas fait l'objet d'un pourvoi en cassation, ou si ce pourvoi n'a pas été rejeté, afin d'éviter les inconvénients qui pourraient résulter plus tard d'une décision en sens contraire rendue, après cassation, par la Cour de renvoi.

APPENDICE

ACTIONS PRINCIPALES EN NULLITÉ OU EN DÉCHÉANCE
ET EN REVENDICATION DES BREVETS.

1° Action en nullité ou en déchéance.

231. Ce n'est pas seulement par voie d'exception et comme moyen de défense, que la nullité ou la déchéance d'un brevet peut être demandée. La loi accorde le droit de former directement la demande, par voie d'action principale :

1° A toute personne *y ayant intérêt ;*

2° Au Ministère public, dans trois cas déterminés.

§ Iᵉʳ. — Demandes formées par les particuliers.

232. *Qui peut intenter l'action?* — L'intérêt qui doit servir de base à l'action des particuliers, est affaire d'appréciation pour les Tribunaux, qui, dans l'usage, se montrent généralement assez larges.

Ils exigent seulement que l'intérêt soit *né et actuel*. C'est ainsi que la nullité d'un brevet ne pourrait être demandée pour le cas seulement où le breveté prétendrait faire telle ou telle application de son brevet.

De même, dans le cas où le brevet serait expiré; car dans le premier cas, l'intérêt n'est point *né*, et dans le second, il n'est pas *actuel*.

233. Toutefois, la demande en nullité serait certainement recevable, si elle était introduite avant l'expiration du brevet, pourvu que le demandeur mette l'affaire en état d'être jugée avant le temps de l'expiration. Autrement, si, par suite de retards à lui imputables, le brevet venait à expirer avant que le jugement ait pu être rendu, sa demande deviendrait nécessairement caduque, et il devrait subir les conséquences de ses lenteurs.

234. Mais dans ces limites, on peut dire que toute personne est recevable à demander la nullité d'un brevet, le concurrent de l'inventeur, comme le simple consommateur de l'objet breveté.

235. Peu importe que le demandeur soit un étranger. Sa demande fût-elle même dirigée contre un autre étranger, les Tribunaux français seraient compétents pour en connaître, pourvu qu'il s'agisse d'un brevet pris en France, par suite du principe que les Tribunaux français sont compétents pour connaître de l'application de toutes les lois territoriales, et conséquemment des actes qui, comme les brevets, émanent de l'autorité locale.

236. Le fait que le demandeur en nullité aurait pris lui-même, à une date postérieure, un brevet pour le même objet, n'implique aucunement de sa part la reconnaissance que l'invention était susceptible d'être brevetée, et ne saurait par suite être un obstacle à la recevabilité de la demande. Bien au contraire; le brevet pris est la preuve évidente de l'intérêt du demandeur.

De même, aucune fin de non-recevoir ne saurait être opposée à l'ex-associé du breveté, qui viendrait ensuite demander la nullité du brevet.

237. Mais il en serait autrement, si le demandeur avait formellement reconnu dans une transaction la validité du brevet, une convention de cette nature ayant de la part de celui qui l'a signée toute l'autorité de la chose jugée, et spécialement, de la part du demandeur en nullité, toute la force d'un aveu qui l'empêche de remettre en question aucun des points sur lesquels il a transigé.

238. *Contre qui la demande peut-elle être formée ?* — La demande en nullité doit être formée contre le titulaire du brevet, ou contre celui qui en a actuellement la propriété.

239. En cas de cession partielle du brevet, de deux choses l'une : ou le titulaire s'est réservé pour lui-même une part de la propriété du brevet, ou il a cédé cette propriété, par parts distinctes à plusieurs personnes.

Dans le premier cas, la demande peut être dirigée soit contre le titulaire seul, sans qu'il y ait lieu d'actionner les autres ayants-droit, soit contre le cessionnaire partiel, en réalité co-propriétaire du brevet.

Dans le second cas, la demande peut être formée soit contre un quelconque des cessionnaires partiels, au gré du demandeur, soit contre tous ensemble, s'il le juge préférable.

240. C'est même contre tous les cessionnaires à la fois que la demande doit être formée, lorsque le brevet est susceptible de plusieurs applications dont chacune a fait l'objet d'une cession, et que l'on demande la nullité totale du brevet.

241. Enfin, elle pourrait encore être formée contre le titulaire du brevet, bien qu'il n'ait rien gardé pour lui-même.

242. *Juridiction compétente.* — Les demandes en nullité ou en déchéance de brevet sont de la compétence exclusive des Tribunaux civils proprement dits.

243. *Tribunal compétent.* — La demande doit être portée devant le tribunal du domicile du défendeur, en suivant les règles prescrites par l'art. 59 du Code de procédure civile, en cas de pluralité de défendeurs ou de société.

244. Toutefois, lorsque la demande est formée contre le titulaire du brevet et un ou plusieurs cessionnaires, c'est toujours devant le Tribunal du domicile du titulaire que l'assignation doit être donnée.

En tous cas, l'élection de domicile faite par l'inventeur en prenant son brevet, et uniquement destinée dans la pensée de la loi à faciliter les rapports de l'administration avec le breveté, n'a aucun effet civil au point de vue de la compétence et n'autorise en aucun cas le demandeur en nullité à porter son action devant le Tribunal du lieu où cette élection a été faite.

Il en est de même de l'élection de domicile faite

dans un exploit, élection qui, par elle-même, est toute spéciale et doit être restreinte à l'exécution de l'acte dans lequel elle a été faite.

245. *Procédure.* — Les demandes en nullité ou déchéance de brevets, bien qu'ayant de par la loi un caractère d'urgence incontestable, ne sont cependant pas dispensées du préliminaire de conciliation. (Controverse [1].)

Il n'en est autrement que si la demande est formée contre plus de deux parties, encore qu'elles aient le même intérêt, conformément à l'article 49, § 6 du Code de procédure civile.

246. Mais ces sortes de demandes doivent toujours être communiquées au Ministère public, intéressé, au nom de la société qu'il représente, à faire constater si les brevets ne sont pas pris pour des objets contraires à la loi et à l'ordre public.

247. *Intervention du Ministère public.* — Sur cette communication, le Ministère public peut se rendre partie intervenante et prendre des réquisitions pour faire prononcer la nullité ou la déchéance du brevet.

Mais son intervention ne peut ainsi se produire qu'en première instance. En appel, elle serait impos-

---

1. *Sic*, Nouguier, n° 676. — *Contra*, Pouillet, 572.

sible (Art. 37 de la loi de 1844 et 466 du Code de proc. civile [1]).

248. L'intervention du Ministère public doit être faite dans la forme ordinaire, conformément à l'article 339 du Code de procédure civile, c'est-à-dire par requête contenant les moyens et conclusions, dont copie est donnée à la partie intéressée, ainsi que celle des pièces justificatives.

249. Le désistement du demandeur empêche le Ministère public d'intervenir, s'il ne l'a déjà fait ; mais si son intervention était déjà formée, le désistement ne la rend point nulle et non avenue, le débat se trouvant lié désormais entre le breveté et le Ministère public, et le désistement ne mettant fin à l'instance qu'autant qu'il est accepté par toutes les parties adverses.

250. Lorsque le Ministère public intervient, comme lorsqu'il agit par voie d'action principale (voy. *infra* n. 267) il doit mettre en cause toutes les parties, cessionnaires ou autres, que le demandeur en nullité ou déchéance n'aurait pas assignées. Et dans ce but, il ne doit pas se borner à leur signifier sa requête en intervention, il doit les appeler

---

1. Ainsi le décident, du moins, la plupart des auteurs et des arrêts rendus sur cette matière. Toutefois, un arrêt de la Cour de Paris du 21 janvier 1860, a jugé implicitement le contraire. (Voy. *Ann.*, 1860. 154.)

au procès par un exploit introductif d'instance.

251. *Instruction de la demande.* — Les demandes principales en nullité ou déchéance étant des affaires sommaires, l'instruction a lieu comme en matière sommaire, c'est-à-dire qu'on doit suivre les règles tracées par les articles 404 à 413 du Code de procédure civile sur la forme des demandes incidentes et en intervention, sur celle des enquêtes, et quant à la taxe des frais [1].

252. *Connexité.* — *Intervention.* — Il peut arriver qu'une demande en nullité soit formée devant le Tribunal du breveté par un individu déjà poursuivi lui-même en contrefaçon devant le Tribunal de son propre domicile. Il y a alors connexité évidente entre ces deux demandes, et le renvoi peut être demandé devant le Tribunal saisi de la contrefaçon. (Art. 171, Proc. civ.)

---

1. Quoique les demandes en nullité ou en déchéance de brevets soient des affaires sommaires (art. 36 de la loi de 1844), il n'en est ainsi néanmoins qu'autant que la demande est principale. Reconventionnelle, et formée incidemment sans une instance en contrefaçon, elle devient affaire ordinaire.

La distinction est intéressante au point de vue de la taxe des frais, les avoués n'ayant droit dans les affaires sommaires qu'à un droit d'obtention de jugement, variable suivant le nombre des parties, la nature du jugement, contradictoire ou par défaut, la valeur de l'objet litigieux (Art. 67 du Tarif); tandis qu'en matière ordinaire, ils ont droit à des honoraires particuliers pour chaque acte de leur ministère.

253. Le juge de la demande en nullité n'est pas, il est vrai, obligé de prononcer le renvoi, mais il fera toujours bien de renvoyer l'affaire, afin d'éviter la contrariété de décisions.

En tous cas, s'il renvoie l'affaire, sa décision est inattaquable.

254. Il peut arriver également qu'il y ait plusieurs demandes en nullité du même brevet portées devant le tribunal. Dans ce cas, c'est au juge de les joindre pour y statuer par un seul et même jugement.

255. Enfin, il peut se faire qu'une demande étant déjà formée, d'autres intéressés veuillent à leur tour introduire une demande pour leur compte. Dans ce cas, ils peuvent ou former directement leur demande, ou intervenir dans l'affaire déjà pendante. Le dernier parti est assurément le meilleur, puisqu'il rassemble tous les intéressés dans un seul et même procès, et qu'il évite ainsi les inconvénients de décisions contradictoires.

256. *Jugement*. — En prononçant la nullité ou la déchéance d'un brevet, le jugement peut, du même coup, allouer des dommages-intérêts au demandeur en nullité, s'il est prouvé que le brevet, pris comme il arrive souvent, dans un but de concurrence déloyale, et pour faire croire à une supériorité illusoire, lui a causé un préjudice. Il y a lieu aussi pour les Tribunaux, dans les appréciations de dommages-intérêts, de tenir compte du plus ou moins de résistance opposée par le breveté à la demande en nullité. Et même la demande en nullité devrait être repoussée comme sans objet, si le breveté avait, dans ses conclusions déclaré abandonner son brevet et n'en vouloir pas faire usage. (Paris, 7 déc. 1860, *Journ. de la Prop. indust.*, n° 159.)

257. De même, le jugement peut, en rejetant la demande, condamner le demandeur à des dommages-intérêts envers le breveté, s'il apparaît que la demande a été faite de mauvaise foi, ou même que tout en étant de bonne foi, elle a causé au défendeur un préjudice sérieux.

258. Quant à la chose jugée, le jugement a la même autorité, les mêmes effets qu'en matière de jugement rendu sur les exceptions de nullité ou de déchéance. (Voy. *Supra*, n°s 220 et suivants.)

259. *Dépens et frais.* — Les frais sont, comme en toute matière, à la charge de la partie qui succombe.

260. Mais lorsque c'est le Ministère public qui succombe sur son intervention, les frais de cette intervention restent à la charge du demandeur en nullité qui succombe avec lui, par la raison qu'en formant sa demande, il a en quelque sorte provoqué l'intervention du Ministère public et qu'il

s'est ainsi exposé à en supporter toutes les conséquences. (Controverse [1].)

Au surplus, rien n'empêche les Tribunaux de
mettre ces frais à la charge du demandeur qui succombe, à titre de dommages-intérêts envers le défendeur.

261. *Opposition et appel*. — Outre les parties
intéressées, demandeur et défendeur principal, le
ministère public, en sa qualité de partie intervenante, a évidemment le droit de relever appel, alors
même que le demandeur en nullité n'attaquerait
pas le jugement.

262. Les formes et les délais de l'opposition et de
l'appel sont les mêmes qu'en matière ordinaire.

Toutefois, les délais d'appel ne courent contre le
breveté qu'à partir de la signification du jugement
par le Ministère public.

La signification de la partie privée serait insuffisante à faire courir ces délais.

263. Le défendeur ou pour mieux dire le breveté
dont le brevet aurait été annulé en première instance,
fera bien, s'il se porte appelant, de signifier son
appel au Ministère public en même temps qu'à la
partie adverse. Autrement, le jugement pourrait

1. *Sic*, Pouillet, n° 6[6;] Rénouard, n° 20?. — *Contra*, Nouguier, n° 631.

6

acquérir force de chose jugée à l'égard du Ministère public ; ce qui rendrait tout-à-fait illusoire l'appel relevé contre l'adversaire. (Voy. n° 228.)

§ II. — Demandes formées par le Ministère public.

264. Le Ministère public peut former une demande principale en nullité ou déchéance du brevet dans les trois cas suivants :

1° Lorsque l'invention n'est pas, aux termes de l'article 3 de la loi de 1844, susceptible d'être brevetée, c'est-à-dire lorsqu'il s'agit de remèdes ou de compositions pharmaceutiques, ou de plans et combinaisons de crédit ou de finance ;

2° Lorsque l'invention est contraire à l'ordre ou à la sûreté publique, aux bonnes mœurs ou aux lois de l'État ;

3° Lorsque le titre sous lequel le brevet a été demandé indique frauduleusement un objet autre que le véritable objet de l'invention.

265. En dehors de ces trois cas, le Ministère public n'a point qualité pour contester directement la validité du brevet. Il ne peut que se joindre, par voie d'intervention aux demandes formées par les particuliers. (Voy. *supra*, n° 247).

266. La forme de l'assignation, la juridiction, la

compétence sont les mêmes qu'en cas de demande formée par les particuliers.

267. Mais le Ministère public doit, de plus, mettre en cause non-seulement le breveté, mais encore tous les ayants-droit, cessionnaires ou simples licenciés, qui se sont fait connaître par l'enregistrement de leurs titres au ministère de l'Agriculture et du Commerce.

Quant à ceux qui auraient négligé de faire enregistrer leurs titres, ils n'ont que la ressource d'intervenir dans l'instance, à leurs frais, s'il en est temps encore, — sauf, bien entendu, la garantie qu'ils pourraient avoir contre le breveté en cas d'annulation du brevet.

268. Les jugements rendus sur l'action principale du Ministère public, ont, au point de vue de la chose jugée, les mêmes effets que les jugements rendus sur ses réquisitions comme partie intervenante, soit au cours d'une instance principale en nullité ou déchéance, soit sur les exceptions soulevées au cours d'une instance en contrefaçon. (Voy. *supra*, n°s 227 et suiv.)

269. *Appel*. — Si le Ministère public succombe en première instance, il a le droit d'interjeter appel, en se conformant aux formes tracées et aux délais indiqués par le Code de procédure civile.

S'il triomphe, il doit, comme une partie ordinaire signifier le jugement au breveté pour faire courir à son égard les délais d'appel.

270. Devant la Cour, le Ministère public n'est point lié par les réquisitions prises en première instance. N'obéissant qu'à sa conscience, il peut conclure à la validité du brevet dont la nullité aurait été proposée et soutenue devant les premiers juges.

271. Les frais faits sur l'action du Ministère public sont à la charge du défendeur, lorsque le ministère public gagne son procès.

Lorsqu'il le perd, quoiqu'il soit de principe que le Ministère public ne puisse jamais être condamné aux frais, c'est le Trésor qui doit supporter les dépens de l'instance. (Controverse [1].)

II° *Action en revendication.*

272. Tout breveté, même l'État, peut par action principale revendiquer la propriété de l'invention contre ceux qui la lui auraient dérobée et auraient pris un brevet avant lui.

Il importe peu que l'invention soit en réalité nouvelle, et que le revendiquant en soit le véritable

---

1. *Sic*, Pouillet, n° 616 ; Nouguier, n° 631. — *Contra*, Duvergier, p. 613.

auteur. Le seul fait auquel on doive s'attacher est celui-ci : Est-ce au revendiquant que l'invention a été dérobée ?

273. La demande peut d'ailleurs être formée contre toute personne, même contre le cessionnaire de bonne foi.

274. Au point de vue de la procédure et de l'instruction, les règles à suivre sont les mêmes qu'en matière de demandes en nullité ou en déchéance formées par les particuliers. Rappelons seulement que comme ces dernières, les demandes en revendication doivent être communiquées au Ministère public.

275. En outre, et comme mesure préparatoire, le Tribunal pourrait ordonner la mise sous séquestre du brevet et en interdire l'usage à chacun des prétendants jusqu'au jugement sur le fond. (Controverse [1].)

276. Quant au jugement, lorsque la demande est reconnue fondée, il doit, indépendamment des dommages-intérêts qui peuvent être dus au revendiquant, prononcer la subrogation à son profit dans les droits du premier breveté, quels que soient d'ailleurs les perfectionnements que l'usurpateur aurait

---

1. *Sic*, Blanc, p. 609. — *Contra*, Pouillet, p. 985, note.

apportés à l'invention dérobée, sauf aux juges à tenir compte de cette circonstance pour l'appréciation des dommages-intérêts [1].

La conséquence de cette subrogation est de mettre pour l'avenir deux taxes à la charge du revendiquant, et d'aggraver ainsi sa situation, tout en reconnaissant le bien fondé de sa demande. Pour échapper à ce résultat, on a proposé diverses solutions, divers expédients [2]. Pour nous, nous croyons que c'est là une question que les Tribunaux peuvent toujours et facilement résoudre par des dommages-intérêts.

277. En prononçant la subrogation, les Tribunaux ont l'habitude d'ordonner en même temps la substitution sur le brevet du nom du revendiquant à celui de l'usurpateur.

Régulièrement, pour faire opérer la substitution, il faudrait s'adresser à la juridiction administrative, dans l'espèce, le ministre. Mais en pratique, l'autorité administrative opère toujours sans difficulté la substitution prononcée, sur le vu de la grosse du jugement.

En tous cas, les Tribunaux pourraient faire dé-

1. *Contra*, Pouillet, n° 627.
2. Voy. Pouillet, n° 620.

fense au titulaire du brevet de s'en servir à l'avenir.

278. Le jugement pourrait aussi prononcer, sur la demande du revendiquant, la nullité du brevet, si l'on se trouvait dans un des cas de nullité prévus par la loi, tels que l'insuffisance de description par exemple, mais il ne pourrait légitimement en prononcer la nullité à raison de l'usurpation.

Toutefois, comme il est de principe, que toutes les nullités prononcées, en matière de brevets, profitent au domaine public, il y a toujours pour l'inventeur quelque péril à faire ainsi prononcer la nullité du brevet usurpé.

***

ART. 2. — JUGEMENT SUR LE FOND.

279. Le jugement sur le fond peut intervenir après d'autres jugements rendus par le Tribunal pour ordonner certaines mesures d'instruction : enquête, expertise, vérification d'écritures, comparution des parties, etc., etc.

280. Dans ce cas, les jugements ainsi rendus, avant faire droit au fond, sont dits : préparatoires ou interlocutoires.

On sait la différence qui existe entre ces deux sortes de jugements.

281. Le jugement préparatoire est celui qui se borne à prescrire telle ou telle mesure d'instruction, sans faire pressentir quelle sera la décision définitive, sans préjuger le fond.

282. Le jugement interlocutoire est celui qui, tout en ordonnant des mesures relatives à l'instruction, préjuge le fond et fait d'avance connaître quelle sera la décision définitive.

283. On peut appeler des jugements interlocutoires et même les déférer à la Cour de cassation, immédiatement et sans attendre le jugement définitif. Au contraire, les jugements simplement préparatoires ne sont susceptibles d'appel ou de pourvoi en cassation qu'après le jugement au fond et en même temps que lui.

De plus, l'appel d'un jugement interlocutoire, lorsque ce jugement est infirmé et que d'ailleurs l'affaire est en état, permet à la Cour d'évoquer le fond et de statuer immédiatement sans renvoyer l'affaire devant les premiers juges, épargnant ainsi aux parties des frais et des lenteurs, mais leur enlevant par contre le bénéfice des deux degrés de juridiction.

284. En matière de contrefaçon, un jugement qui ordonne une expertise ou une enquête est un jugement préparatoire ou interlocutoire suivant les cas.

285. Il est préparatoire, lorsqu'il ordonne purement et simplement l'expertise, même limitée à
certains points déterminés, sans statuer sur les
exceptions et fins de non-recevoir soulevées par le
défendeur.

286. Il est encore préparatoire, alors même que,
tout en ordonnant l'expertise, il écarterait dans ses
motifs les moyens de nullité opposés contre la recevabilité de la demande ou contre la validité du
brevet, pourvu que dans son dispositif il réserve
expressément tous les droits des parties. On ne
saurait dire en effet dans ce cas, que le jugement
constitue la chose jugée sur les points écartés par
les motifs, et par suite préjuge, dans une certaine
mesure, la solution définitive à l'égard du défendeur, puisque d'une part, le jugement réserve ses
droits et moyens, et que d'autre part, la chose jugée
ne peut jamais résulter que du dispositif des jugements.

287. Mais il est interlocutoire, lorsqu'il ordonne
une expertise en statuant sur les exceptions opposées par les parties, sans réserver leurs droits et
moyens pour l'avenir, ou bien encore en limitant
l'expertise de telle sorte que certaines questions
soulevées se trouvent implicitement tranchées,
comme par exemple s'il restreint la mission des

experts à l'appréciation des questions de contrefaçon et de suffisance de description du brevet, résolvant implicitement par cela même la question de la nouveauté de l'idée, et par suite de sa brevetabilité.

288. Au fond, le jugement peut aboutir, suivant qu'il y a ou non contrefaçon, à la condamnation du défendeur ou à son renvoi des fins de la demande.

Examinons successivement ces deux cas :

289. — I. *Condamnation du défendeur.* — Le défendeur qui succombe peut être condamné à la confiscation des objets contrefaits, à des dommages-intérêts, à la publication du jugement, et enfin aux dépens.

Toutes ces condamnations ont un caractère essentiellement civil. Ce sont des modes différents de réparations, et point du tout des peines.

Le même jugement peut les prononcer toutes à la fois ou n'en prononcer qu'une, suivant la gravité des cas et l'étendue du préjudice causé.

1º *Confiscation.*

290. La confiscation est la remise ordonnée par le juge au profit de la partie lésée des objets reconnus contrefaits.

Ce n'est donc pas une peine proprement dite, c'est une réparation civile du préjudice causé à qui de droit par la contrefaçon.

Mais c'est une réparation obligatoire, en ce sens que le juge doit toujours la prononcer contre le défendeur, alors même que le demandeur ne l'aurait pas formellement requise.

291. Au surplus, la confiscation peut être demandée en tout état de cause, même à l'égard des tiers détenteurs qui n'auraient pas été mis originairement en cause.

Ainsi, en supposant que la confiscation n'eût pas été d'abord demandée, ni prononcée lors de l'instance principale, par le jugement qui a reconnu la contrefaçon, elle pourrait l'être dans la suite, lors du jugement qui statuerait sur les dommages-intérêts à fixer par état; et cela, même à l'égard du tiers-détenteur chez lequel la saisie n'aurait eu lieu qu'après le premier jugement et qui n'aurait été assigné en déclaration de jugement commun que pour faire prononcer contradictoirement avec lui, la confiscation des objets saisis.

292. Lorsque le jugement rendu sur la contrefaçon a négligé de prononcer la confiscation, le demandeur doit, pour l'obtenir, s'adresser au tribunal par action principale, ou plus simplement par la voie de l'appel, s'il est encore dans les délais.

293. La confiscation atteint tous les objets contrefaits, aussi bien ceux qui ont été saisis ou simplement décrits, au début ou au cours de l'instance, que ceux qui sont restés libres entre les mains du défendeur. (Controverse [1].)

294. Elle comprend tous les objets décrits, alors même que, sur référé, la saisie aurait été restreinte à des échantillons.

295. Mais le juge ne pourrait spécialement prononcer la confiscation d'objets saisis en vertu d'un procès-verbal déclaré nul.

296. Régulièrement, elle ne doit frapper que les objets fabriqués avant l'introduction de l'instance; mais il arrive souvent qu'elle porte sur des objets qui n'ont été contrefaits que depuis l'instance engagée. La plupart du temps, il ne s'élève à cet égard aucune difficulté entre le demandeur qui poursuit la remise de ces derniers objets en vertu du jugement, et le défendeur qui, au fond, a tout intérêt à régler une fois pour toutes et définitivement sa situation vis à vis du breveté. Lorsque ce-

---

1. *Sic*, Renouard, n° 259 ; Calmels, n° 659. — *Contra*, Blanc. p. 681 ; Lesenne, n° 352 ; — Paris, 27 janv. 1865, *Ann.*, 69. 289. — Voy. aussi Huard, *Rép.*, art. 49, n. 8 et 9 ; Pouillet, n° 979 ; — Cass., 14 août 1871, **D. 71. 1.** 282.

pendant le défendeur s'oppose à la confiscation en soutenant que certains des objets qu'il possède sont entre ses mains depuis une époque postérieure à l'instance, il y a lieu de revenir devant le juge pour faire statuer à cet égard sur la question de confiscation.

297. Quant aux objets contrefaits sur lesquels porte la confiscation, ils peuvent être simples ou complexes.

Lorsqu'ils sont simples, c'est-à-dire lorsqu'ils forment à eux seuls un tout complet et distinct, point de difficulté. La confiscation atteint naturellement ces objets, mais n'atteint qu'eux.

Au contraire, lorsqu'ils sont complexes, c'est-à-dire lorsqu'ils sont liés à d'autres objets non brevetés avec lesquels ils font corps, alors de deux choses l'une : ou ils sont divisibles, ou ils ne le sont pas.

298. Dans le premier cas, les objets contrefaits sont seuls confisqués ; dans le second, la confiscation s'étend nécessairement aux objets non brevetés avec lesquels ils forment un tout indivisible.

299. La divisibilité ou l'indivisibilité des objets contrefaits est souverainement appréciée par le juge d'après les règles suivantes :

Lorsqu'il s'agit d'objets incorporés à d'autres, ils

sont divisibles lorsqu'ils peuvent être matérielle-ment séparés des objets avec lesquels ils sont unis par un lien quelconque, sans que leur intégrité en soit altérée, autrement dit sans détérioration sub-stantielle ; — indivisibles dans le cas contraire.

300. Lorsqu'il s'agit de machines ou d'appareils contrefaits, ils sont indivisibles ou divisibles, sui-vant que les objets, ou plus spécialement les or-ganes non brevetés avec lesquels ils sont agencés, quoique facilement séparables, sont, ou ne sont pas reconnus utiles et nécessaires au fonctionnement de l'appareil.

301. Dans tous les cas, le défendeur fera bien de prendre des conclusions spéciales, pour mettre le juge en demeure de s'expliquer sur la divisibilité ou l'indivisibilité de l'objet contrefait.

302. Au surplus, la confiscation ne s'arrête pas toujours à l'objet même de la contrefaçon.

Elle s'étend souvent aux objets qui la préparent et aux objets qui en sont la conséquence ou le pro-duit. C'est ainsi qu'elle peut atteindre soit les ma-tières premières et les instruments destinés à la fabrication, soit les produits de l'appareil ou de la machine contrefaits.

303. Toutefois, lorsqu'il s'agit d'objets qui se composent d'éléments divers, de matières premières par exemple, qui sont toutes dans le commerce et peuvent recevoir chacune un emploi différent, la confiscation ne peut être légitimement appliquée qu'à ceux de ces éléments qui ont été, d'après les constatations du juge, disposés pour servir à la confection des objets contrefaits.

304. De même, pour les instruments de la fabrication, le juge ne peut légitimement prononcer la confiscation qu'à la condition de déclarer que les instruments confisqués ont réellement servi à la fabrication des objets contrefaits, alors même qu'ils seraient en même temps employés à d'autres usages.

Il ne suffirait pas, par exemple, de prononcer purement et simplement la confiscation des objets saisis.

305. Mais la confiscation peut toujours porter même sur les instruments inachevés, sur les parties détachées, en cours d'exécution, et destinées à confectionner ces instruments, pourvu toujours que le juge déclare que ces objets étaient fabriqués ou préparés en vue de la contrefaçon.

306. Quant aux produits, la confiscation ne peut les atteindre qu'autant que, par suite du brevet, ils auraient subi dans leur nature, dans leur forme, ou dans leur valeur, une transformation telle qu'ils devraient être eux-mêmes réputés contrefaits. Au contraire, une simple modification, qui ne porterait que sur l'économie du produit, sans changer sa nature, ne suffirait pas pour que la confiscation puisse frapper ce produit. D'ailleurs, c'est affaire au juge de reconnaître l'existence de ces modifications substantielles. Il jouit à cet égard d'un pouvoir souverain d'appréciation.

307. En ordonnant, la confiscation, le juge doit toujours définir aussi nettement que possible les objets sur lesquels elle doit porter.

S'il y a quelque ambiguïté sur la portée de sa décision et qu'un désaccord surgisse à cet égard entre les parties, il y a lieu de s'adresser au même juge à fin d'interprétation.

308. En principe, le juge qui prononce la confiscation n'a pas à se préoccuper de la valeur des objets confisqués, laquelle peut être de beaucoup supérieure au préjudice éprouvé. Il n'en doit pas moins la prononcer, sauf à ne point accorder d'autres dommages-intérêts.

309. Il peut cependant, dans ce cas, remplacer la confiscation par des dommages-intérêts, mais seulement lorsque les objets contrefaits s'identifient avec d'autres non brevetés et d'une valeur de beaucoup supérieure à l'étendue du préjudice causé. (Rouen, 5 mai 1863, *Ann.*, 65. 138.)

310. En prononçant la confiscation, le juge peut en même temps déterminer une indemnité pour chaque jour de retard apporté par le défendeur à la remise des objets contrefaits. Il épargne ainsi au demandeur un nouveau procès pour le cas où le défendeur se refuserait à l'exécution du jugement.

311. Le fait que le brevet est expiré n'empêchant pas les poursuites pour les faits antérieurs à son expiration, la confiscation peut et doit même atteindre les objets contrefaits fabriqués dans ces conditions.

A plus forte raison doit-il en être ainsi, lorsque c'est seulement à l'époque du jugement que le brevet est expiré.

312. La confiscation ne peut jamais atteindre les objets contrefaits qui se trouveraient entre les mains de détenteurs étrangers au procès, par exemple entre les mains d'acheteurs auxquels le défendeur les aurait vendus, et qui n'auraient pas été mis en cause. Tout ce que le demandeur peut obtenir dans ce cas, c'est que le juge ordonne à son adversaire de lui remettre les objets en question sous telle contrainte qu'il lui plaira d'ordonner, pour le cas où le défendeur ne parviendrait pas à s'entendre avec les détenteurs actuels pour la remise des objets.

313. A l'inverse, la confiscation peut être demandée en tout état de cause et prononcée vis-à-vis des tiers-détenteurs, du moment qu'ils ont été assignés en déclaration de jugement commun.

314. Les objets confisqués appartiennent exclusivement au demandeur. A l'égard de tous autres, sans exception aucune, ils doivent être considérés comme hors du commerce. Ainsi, le propriétaire du contrefacteur n'a sur eux aucun droit de gage, aucun privilège. Le droit du demandeur qui a obtenu la confiscation prime tous les autres. C'est à lui et à lui seul que les objets doivent être remis ; il peut seul les vendre, et il pourrait même les détruire.

315. Il y a plus, c'est à son profit que la confiscation doit toujours être prononcée. Son droit prime encore à cet égard tous les autres droits, même celui de l'administration des douanes, qui poursuivrait en même temps les mêmes faits pour contravention aux lois qui régissent la matière.

316. Toutefois, la confiscation n'est possible que si les objets existent en nature.

317. Si le défendeur les a détruits, ou les a seulement endommagés, il y a lieu pour le demandeur de demander au Tribunal d'apprécier le dommage résultant pour lui de cette destruction ou détérioration, et de lui en accorder réparation, d'après la perte subie et le gain dont il a été dépouillé.

318. Les frais d'enlèvement des objets confisqués sont toujours à la charge du contrefacteur.

2° *Dommages-intérêts.*

319. Les Tribunaux peuvent condamner le contrefacteur soit à des dommages-intérêts une fois déterminés, soit à des dommages intérêts à fixer par état, au cas où ils ne trouvent pas dans le procès tous les éléments nécessaires pour évaluer en connaissance de cause l'indemnité due au demandeur.

Ils jouissent à cet égard d'un pouvoir souverain d'appréciation, et peuvent accorder les premiers, alors que le demandeur réclame les seconds.

320. Pour l'évaluation des dommages-intérêts à fixer par état, les juges peuvent ordonner une expertise, ou en déterminer la quotité sur la présentation des livres du défendeur, alors du moins que ces livres sont complets et qu'il n'y a pas lieu de supposer que le défendeur en possède d'autres.

321. Quant au chiffre, les juges, sans être astreints à aucune règle précise, doivent cependant prendre pour leurs évaluations les bases suivantes :

1° Les gains illégitimes recueillis par le contre-facteur, et dont il ne doit rien garder;

2° Le dommage causé au demandeur par la perturbation jetée dans son exploitation : concurrence déloyale, avilissement des prix, défaveur jetée sur les objets par une fabrication imparfaite, découverte de la contrefaçon, poursuites et frais nécessaires du procès;

3° La valeur intrinsèque de l'objet breveté, les dommages-intérêts devant logiquement s'élever ou s'abaisser suivant que l'objet est de grande ou de minime valeur.

322. En allouant des dommages-intérêts, le juge ne peut légalement décider que la somme allouée à ce titre produira intérêt à dater du jour de la demande.

323. Dans le cas de condamnation à des dommages-intérêts par état, le Tribunal primitivement saisi reste compétent pour statuer sur le chiffre des dommages, sur le vu des états à produire.

Il en est ainsi, alors même que le jugement a été confirmé en appel — et même si, après cassation du premier arrêt confirmatif, le jugement a été de nouveau confirmé par la Cour de renvoi.

324. Il arrive souvent que la partie qui obtient des dommages-intérêts à fixer par état réclame une provision. En ce cas, il appartient à la juridiction saisie d'en déterminer le montant.

325. Dans tous les cas, qu'il s'agisse de dommages-intérêts une fois déterminés, ou de dommages-intérêts à fixer par état, ils ne peuvent être alloués au demandeur que pour des faits accomplis. Aucune condamnation ne peut être d'avance prononcée pour le cas d'infraction éventuelle et future aux mesures ordonnées.

326. La condamnation aux dommages-intérêts doit être prononcée avec solidarité contre les défendeurs, lorsqu'ils sont poursuivis à raison des mêmes faits, et qu'il y a eu concert entre eux pour les commettre.

327. Les prévenus de recel, de vente ou d'exposition en vente d'objets contrefaits, poursuivis en même temps que le contrefacteur, sont tenus solidairement avec celui-ci, des dommages-intérêts, comme complices du même délit de contrefaçon.

3° *Publication du jugement.*

328. La publication du jugement de contrefaçon est souvent accordée au demandeur à titre de supplément de dommages-intérêts ; d'où il suit que, si les dommages-intérêts viennent plus tard à être réduits

7.

aux dépens, la publication précédemment ordonnée doit être considérée comme supprimée.

329. Elle peut, d'ailleurs, être prononcée soit d'office, soit sur les réquisitions du demandeur. (Art. 1036 du Code de proc. civ. — 49 de la loi du 5 juillet 1844.)

330. Le Tribunal est absolument le maître d'apprécier le mode et l'étendue de la publication qu'il ordonne.

Cette publication peut être ordonnée soit sous forme d'insertion dans les journaux, soit sous forme d'affichage.

331. — 1° *Insertion dans les journaux.* — En cas d'insertion, le Tribunal indique toujours le nombre de journaux dans lesquels la publication aura lieu. Quelquefois il désigne nominativement les journaux ; le plus souvent, il en laisse le choix à la partie intéressée.

332. L'insertion comprend en principe tout le jugement ou l'arrêt rendu, tel qu'il est reproduit dans la grosse exécutoire délivrée à la partie gagnante.

Toutefois, au civil, il est d'usage de limiter l'insertion aux motifs et au dispositif du jugement, c'est-à-dire à l'œuvre même du juge, abstraction faite des conclusions et dires des parties. C'est ainsi que le juge ordonne souvent la publication du dispositif, ce qui doit s'entendre à la fois des motifs et du dispositif proprement dit.

333. Le juge peut encore se borner à ordonner la publication par extrait, ce qui limite l'insertion à la publication de la condamnation prononcée, avec les noms des parties et leurs qualités respectives.

334. Les frais d'insertion se taxent en chambre du Conseil, sur pièces justificatives. Ils peuvent être réduits, si la partie qui a obtenu l'insertion et en a fait l'avance, a inutilement augmenté les frais d'insertions, soit en employant des caractères trop forts, soit en multipliant les alinéas, soit en acceptant des tarifs trop élevés.

Pour le recouvrement, la partie réclame, au besoin, par un commandement le montant de la taxe.

Dans certains tribunaux, et notamment à Paris, il est d'usage de fixer par avance le chiffre des frais d'insertion.

335. — 2° *Affichage.* — L'affichage, au contraire, est rarement accordé. Lorsque le juge l'ordonne, il fixe le nombre des affiches, et le lieu où elles seront apposées.

336. La partie qui a obtenu l'affichage du jugement est libre de le faire afficher dans autant de villes qu'elle le juge convenable, pourvu qu'elle n'excède pas le nombre d'affiches ordonnées.

337. Quant à sa durée, l'affichage, éphémère de sa nature, dépend des circonstances. Il va de soi, que la partie contre laquelle la publication par affiches a été ordonnée, ne pourrait pas détruire ou faire détruire les affiches apposées, sans engager sa responsabilité ; mais, d'un autre côté, la partie qui a obtenu ce mode de publication n'aurait pas, croyons-nous, le droit d'assurer par des mesures spéciales la conservation des affiches, par exemple, en les collant sur des tableaux exposés à la porte de son magasin.

338. Les frais d'affichage sont taxés comme ceux d'insertion en chambre du Conseil et réclamés de la même manière.

Le demandeur a le droit d'y comprendre les procès-verbaux d'affichage.

339. La publication ne peut être faite qu'après signification du jugement ou de l'arrêt, et lorsque l'exécution en est possible.

340. Si le jugement qui ordonne la publication est exécutoire par provision nonobstant appel, la publication peut avoir lieu aux risques et périls de celui qui la fait faire. Mais il faut s'abstenir de toute publication lorsqu'il y a appel, et que l'appel est suspensif.

Sans doute, si le jugement est confirmé plus tard, les publications faites resteront à la charge de la partie condamnée et n'engageront point la responsabilité de la partie gagnante. Mais :

1° La publication anticipée expose le gagnant en première instance à des dommages-intérêts, si le jugement vient à être infirmé.

2° Tant que l'appel n'est pas vidé, il ne peut réclamer les frais de publication.

PUBLICATION FACULTATIVE DES JUGEMENTS.

341. En dehors de la publication ordonnée par le juge soit au profit du demandeur à titre de supplément d'indemnité, soit au profit du défendeur, à titre de dommages-intérêts (Voy. *infra* n° 355), chacune des parties a incontestablement le droit de publier à ses frais, les jugements et arrêts qui statuent sur ses procès, — ou de profiter de la publication faite par d'autres pour acheter et distribuer les exemplaires des journaux où les insertions ont paru.

342. Toutefois, ce droit ne doit être exercé qu'avec mesure. Juste dans son principe, il peut devenir abusif et vexatoire, partant engager la responsabilité de celui qui l'exerce, s'il l'étend au delà de ses intérêts légitimes. Ainsi, peuvent donner lieu à des dommages-intérêts :

1° L'affichage du jugement, dans les lieux publics ; car c'est là un mode de publication qui présente, aux yeux du public, une sorte de caractère infamant, et devient par suite illicite en l'absence de l'autorisation de justice.

2° L'insertion dans les journaux faite avec l'intention de nuire et une nocuité réelle, telle que, par exemple, l'insertion du jugement répétée et reproduite, sans nécessité, longtemps après sa date, alors que les circonstances dans lesquelles elle a lieu trahissent un esprit de vengeance ou de rancune.

3° La publication par voie de prospectus, ne se bornant pas à relater la question jugée, mais désignant nominativement les personnes condamnées, alors surtout que cette publication ne présente pas de caractère d'actualité, qu'elle est faite longtemps après la date du jugement, ou qu'elle est précédée ou suivie de commentaires blessants.

343. Au contraire, est parfaitement loyale et licite la publication d'un jugement faite pour répondre à des imputations, même générales, de contrefaçon émanées du breveté qui a perdu son procès, — alors surtout que cette publication a été bornée par son auteur à des journaux spéciaux et à des prospectus adressés à sa clientèle.

344. La publication ordonnée par le juge, et celle faite par la partie gagnante, à ses frais, peuvent évidemment se combiner. En d'autres termes, la partie qui croit insuffisante la publication mise à la charge de son adversaire, est toujours libre d'étendre cette publication à ses frais, mais toujours à la condition de ne pas abuser de son droit, sous peine de dommages-intérêts.

4° *Dépens.*

345. Les dépens sont en principe, à la charge de la partie qui succombe.

346. S'il y a plusieurs défendeurs, ils peuvent être condamnés solidairement aux dépens, lorsqu'il s'agit de faits sur lesquels ils se sont concertés ou qui sont légalement connexes.

347. Mais les prévenus poursuivis pour des délits de contrefaçon distincts, ne peuvent être condamnés solidairement aux dépens, alors même qu'ils sont condamnés par un seul et même jugement.

Le jugement qui, dans ce cas, prononcerait la solidarité devrait être infirmé en appel, quand bien même les prévenus auraient négligé de prendre des conclusions formelles sur le chef de la solidarité.

De même, l'arrêt qui prononcerait ou maintiendrait en pareil cas la solidarité, encourrait la censure de la Cour de cassation.

348. Les juges ont, d'ailleurs, en ce qui concerne les dépens, un pouvoir absolument discrétionnaire, et ils peuvent les mettre à la charge du demandeur qui gagne son procès, lorsqu'il est établi, par exemple, que c'est par la faute de celui-ci que le procès a eu lieu. A plus forte raison peuvent-ils répartir les dépens entre les parties qui succombent respectivement sur quelques chefs.

349. Lorsque la taxe des dépens d'un jugement est incomplète, il appartient à la Cour de la rectifier en y ajoutant les dépens omis.

350. On doit comprendre dans les dépens les frais d'enregistrement des actes de cession que le demandeur a dû faire, lorsqu'il a été forcé de produire ces actes en justice pour établir son droit de propriété.

351. Le contrefacteur condamné ne peut obtenir que la grosse du jugement lui soit remise, en retour du paiement des frais de l'instance. La grosse appartient au breveté qui a un intérêt évident à la garder, soit que le jugement ait reconnu la validité du brevet, soit pour le cas où le contrefacteur commettrait plus tard une nouvelle infraction.

5° *Contrainte par corps.*

352. La contrainte par corps doit toujours être prononcée contre le contrefacteur pour assurer le recouvrement des condamnations civiles prononcées contre lui (art. 6 de la loi du 22 juillet 1867).

353. — II° *Renvoi du défendeur.* — Le jugement peut renvoyer le défendeur des fins de la demande soit parce que la contrefaçon n'existe pas réellement, soit parce que le défendeur se trouve dans un cas d'excuse, provocation ou bonne foi.

354. Les conséquences du renvoi du défendeur diffèrent suivant qu'il gagne son procès parce que la contrefaçon n'est pas reconnue exister, ou qu'il est renvoyé à raison de sa bonne foi ou de la provocation dont il a été l'objet.

355. Dans le premier cas, le jugement qui l'acquitte peut en même temps lui accorder sur sa demande, outre les dépens, des dommages-intérêts et la publication du jugement, à la fois comme supplément de dommages-intérêts, et comme réparation au point de vue moral du tort que les poursuites ont pu lui faire éprouver dans sa réputation commerciale.

356. Il faut bien observer toutefois que des dommages-intérêts ne doivent être accordés au défendeur qui gagne son procès, que si la poursuite en contrefaçon, vexatoire et de mauvaise foi, a causé au défendeur un préjudice réel et appréciable.

Il en est ainsi même en cas de saisie pratiquée chez le défendeur, si d'ailleurs cette saisie ne lui a pas été véritablement dommageable, telle que, par exemple, une saisie par échantillon ou une saisie simplement descriptive qui n'aurait pas entravé la fabrication du saisi. (Controverse[1].)

Pareillement, si le fabricant, assigné comme auteur principal d'une contrefaçon, avait reçu le prix de la chose saisie, aucune indemnité ne serait due, la saisie n'ayant pu dans ce cas lui causer véritablement préjudice.

357. Le jugement qui accorde au défendeur des dommages-intérêts ne peut jamais prononcer contre le demandeur la contrainte par corps.

358. Au contraire, le défendeur renvoyé à raison de sa bonne foi reconnue, ou par suite de la provocation dont il a été l'objet, ne peut jamais obtenir

---

1. *Sic*, Lyon, 29 avril 1871, *Ann.*, 71-72. 24 ; — *Contra*, Paris, 12 fév. 1870, *Ann.*, 70. 165.

des dommages-intérêts contre le demandeur. Il peut seulement, s'il s'agit d'un débitant ou de tout autre détenteur, se retourner contre le fabricant qui lui a vendu des objets contrefaits, et lui demander devant les tribunaux civils des dommages-intérêts à raison du préjudice que le procès a pu lui faire éprouver. Cela tient à ce que la bonne foi ou la provocation n'effacent jamais le délit, mais l'atténuent seulement[1].

359. De plus, et par les mêmes raisons, le renvoi du défendeur pour cause de bonne foi ou de provocation n'empêche ni la confiscation des objets contrefaits, ni même la condamnation aux dépens.

C'est ainsi, par exemple, que le renvoi de tiers-détenteurs, à raison de leur bonne foi, n'empêche pas le demandeur de les faire maintenir en cause, pour qu'il soit statué contradictoirement avec eux sur les questions de contrefaçon, de validité de saisie et de confiscation.

360. Mais la confiscation ne saurait être légitimement prononcée contre le fabricant qui gagne son

---

1. La bonne foi seule du débitant lui ouvre l'action en garantie contre son vendeur. S'il avait agi sciemment, et qu'il fût, dès lors, condamné pour des faits personnels de contrefaçon, il ne pourrait exercer aucun recours, alors même que par une clause spéciale du contrat de vente, il se trouverait expressément garanti contre tous troubles et actions. (Cass., 5 mars 1872, *Ann.*, 1873. 52.)

procès parce qu'il est reconnu n'avoir commis aucune contrefaçon.

361. Nous avons dit plus haut n° 290 que la confiscation peut et doit même en règle générale être prononcée *d'office* contre le défendeur qui succombe. Mais il n'en est plus de même quand le défendeur est renvoyé des fins de la demande, et la confiscation, lorsqu'elle est possible, ne peut être prononcée dans ce cas que si le demandeur l'a réclamée par des conclusions formelles.

362. Quant aux dépens, le juge ayant à cet égard un pouvoir absolument discrétionnaire, le défendeur qui triomphe à raison de sa bonne foi, ou parce qu'il y a eu provocation de la part de son adversaire, peut cependant être, dans certains cas, condamné aux frais du procès.

CHAPITRE III

363. Ce sont, comme en matière ordinaire, l'opposition et l'appel, suivant que les jugements sont par défaut ou contradictoires, et en dernier lieu, le pourvoi en cassation.

§ Ier. — Opposition.

364. Au civil, il ne peut y avoir de jugement par défaut contre le demandeur, puisqu'il est obligé de constituer avoué dans l'exploit même d'ajournement.

Mais il peut y avoir jugement par défaut contre le défendeur soit faute de constituer avoué, soit faute de conclure.

365. L'opposition est recevable dans les deux cas. Le délai seul varie.

Dans le premier cas, (défaut faute de constituer avoué) l'opposition est recevable jusqu'à l'exécution du jugement; dans le second cas, (défaut faute de conclure,) l'opposition n'est recevable que pendant la huitaine à dater du jour de la signification à avoué.

§ II. — Appel.

366. Le délai est comme en matière ordinaire, de deux mois, à dater de la signification à personne ou à domicile, sauf les délais de distance.

367. La partie qui a interjeté appel d'un jugement qui la condamne doit avoir soin de ne faire aucun acte qui puisse être interprété comme l'exécution volontaire de ce jugement et, par suite, comme une renonciation à son appel. En tous cas, l'abandon d'un appel ne peut résulter que de faits révélant chez leur auteur l'évidente intention d'exécuter le jugement.

C'est ainsi que l'appel n'est plus possible de la part du défendeur condamné en première instance, lorsqu'il a déclaré être prêt à opérer entre les mains du breveté la remise des objets confisqués.

368. L'intimé, de son côté, peut au cours de l'instance d'appel, et en dehors de tout délai, former appel incident pour toutes les causes qui lui feraient grief.

Il le peut faire utilement, même après que l'appelant principal se serait désisté de son appel, tant qu'il n'a pas accepté ce désistement ou que la Cour ne l'a pas déclaré valable.

369. Rappelons enfin que, conformément au droit commun, l'appel est recevable contre tous les jugements contradictoires, dont il faut cependant excepter les jugements *préparatoires*, lesquels ne peuvent jamais être attaqués par la voie de l'appel qu'avec le jugement au fond.

370. L'appel remet tout en question, mais au regard seulement de celui qui l'a interjeté, soit au principal, soit incidemment.

C'est ainsi que l'appel interjeté par le demandeur contre la partie privée remet en litige la question de nullité tout entière, même à l'égard du Ministère public qui aurait fait prononcer la nullité du brevet.

De même, lorsque le breveté poursuivant a devant les premiers juges invoqué plusieurs brevets et que certains de ces titres ont été écartés, il ne peut les invoquer de nouveau devant la Cour qu'autant qu'il a lui-même fait un appel, soit principal, soit incident. Si le défendeur a seul interjeté appel, le débat se restreint à l'examen des seuls titres sur lesquels repose la condamnation.

371. Toute la procédure en instance d'appel, depuis l'acte d'appel jusqu'à l'arrêt définitif, est semblable à celle suivie en première instance, sauf les distinctions et particularités suivantes :

372. *Conclusions.* — 1° Des conclusions prises en appel peuvent restreindre ou modifier la demande primitive ; mais elles ne peuvent introduire dans le débat une demande nouvelle, le juge d'appel n'ayant qualité pour statuer que sur ce qui a fait l'objet d'un débat en première instance.

C'est ainsi, par exemple, que le défendeur qui en première instance se serait borné à soutenir qu'il n'est point contrefacteur, sans discuter la validité du brevet, ne pourrait devant la Cour demander la nullité de ce brevet. Mais il pourrait fort bien opposer pour la première fois en appel cette nullité déjà prononcée, pour y puiser un moyen de défense, une exception.

373. C'est ainsi encore que la qualification du délit peut toujours être changée par les conclusions d'appel, pourvu que les faits restent les mêmes. (Paris, 29 janv. 1875, *Ann.*, 75. 219.)

374. — 2° En appel, il y a lieu de distinguer entre les conclusions qui ne sont que la reproduction avec ou sans développement de celles précédemment prises devant le Tribunal de première instance, et les conclusions nouvelles prises pour la première fois devant la Cour. L'omission de statuer sur les secondes donne seulement lieu à requête civile. (Art. 480, C. proc. civ.)

375. — 3° On ne peut conclure à des dommages-intérêts plus élevés que ceux obtenus en première instance qu'à la condition d'être soi-même appelant.

376. — 4° Il faut, pour mettre la Cour en demeure de statuer, reprendre ses conclusions de première instance ou s'y référer expressément.

377. *Confiscation*. — La confiscation n'étant pas une peine, mais une simple réparation civile, peut toujours être prononcée par la Cour sur l'appel du demandeur.

Elle peut également être étendue à des objets pour lesquels elle n'aurait pas été prononcée en première instance; et cela, quand bien même tous les défendeurs ne figureraient pas dans l'instance d'appel, et que le jugement aurait acquis à l'égard de l'un d'eux l'autorité de la chose jugée.

378. *Dommages-intérêts*. — En appel, l'appréciation par la Cour des dommages-intérêts doit être limitée aux faits relevés dans le jugement de première instance. La Cour ne peut pas légalement prendre en considération les faits nouveaux de contrefaçon survenus depuis le jugement.

379. *Contrainte par corps*. — La condamnation d'un prévenu aux frais de son appel suffit pour motiver l'augmentation de la durée de la contrainte par corps.

§ III. — Pourvoi en Cassation.

Voy. *Infra*, n° 467.

CHAPITRE IV

---

§ Ier. — Assignation.

380. On peut citer au correctionnel soit directement par ministère d'huissier, soit indirectement par une plainte déposée au parquet.

381. 1° *Citation*. — La citation, soumise quant à sa rédaction aux règles du droit commun, n'est cependant annulable qu'autant que les omissions ou irrégularités qui pourraient l'entacher seraient essentielles et de nature à compromettre les droits de la défense. Il faut donc, mais il suffit, qu'elle contienne des énonciations précises sur l'identité des parties en cause et sur le délit poursuivi.

382. — I. *Personne du demandeur*. — Mêmes règles qu'au civil.

383. — II. *Personne de l'assigné.* — C'est encore ici le droit commun qui s'applique en tant qu'il s'agit d'assigner des personnes physiques, des individus.

384. Mais lorsqu'une société est prévenue de contrefaçon, il est impossible qu'elle soit assignée devant un tribunal correctionnel en tant qu'être moral, lequel ne saurait être frappé d'une peine.

En conséquence, est nulle l'assignation donnée à une société devant la juridiction correctionnelle, à raison du délit de contrefaçon qui aurait été commis par plusieurs de ses membres ou agents. Cette nullité n'est pas couverte par la comparution et la défense de l'un des associés, alors qu'il n'a été assigné et n'a comparu que comme représentant de la société actionnée. Le vice d'une pareille assignation entraîne la nullité de toute la procédure et des condamnations prononcées, et peut être proposée, pour la première fois, devant la Cour de cassation.

385. Mais si une société commerciale ne peut être valablement poursuivie pour contrefaçon, en tant qu'être moral, devant la juridiction correctionnelle, la nullité de la procédure disparaît lorsque les membres de cette société sont réassignés individuellement comme auteurs directs de la contrefaçon.

386. — Donc, 1° si la société est en nom collectif, on devra assigner le gérant.

387. — 2° Si la société est en commandite, les commanditaires ne pourront être mis en cause que si, faisant acte de gérants, ils étaient sortis de leur rôle passif et s'étaient rendus solidaires.

388. — 3° Si la société est anonyme, l'assignation devrait être donnée aux directeurs et administrateurs.

389. — 4° Si, depuis les faits de contrefaçon, la société s'est mise en état de liquidation, l'assignation devra toucher à la fois les associés contrefacteurs et les liquidateurs ès noms, ces derniers devant, en leur qualité, exécuter les condamnations civiles qui pourraient être prononcées.

390. S'agit-il de poursuivre un failli, l'assignation doit être donnée à la fois contre le failli comme contrefacteur personnellement responsable, et contre le syndic de la faillite, comme civilement responsable.

391. Si le syndic n'était pas assigné tout d'abord, au moins faudrait-il ensuite le mettre en demeure d'intervenir.

392. Si la poursuite était dirigée contre une femme mariée pour des faits auxquels le mari serait étranger, il ne serait pas besoin, comme au civil, d'assigner celui-ci pour autoriser.

393. — III. *Spécification de la demande.* — En matière de contrefaçon, comme d'après le droit commun, le prévenu n'a jamais à répondre que du délit mentionné dans l'assignation. Il peut donc opposer la fin de non-recevoir que lui offre l'irrégularité de la procédure au cas où, dans les débats, on lui reprocherait un fait de contrefaçon qui n'aurait pas été indiqué dans l'assignation.

394. L'assignation devra énumérer tous les brevets dont le plaignant entend faire usage, de même que devant la juridiction civile ; mais ici, s'il est encore vrai que le Tribunal ne peut statuer sur un brevet tardivement invoqué, c'est parce que la demande correctionnelle doit être comprise tout entière dans l'assignation qui ne peut être ultérieurement modifiée et qui détermine et limite la prévention.

395. En définitive, la rédaction de l'assignation est la même au correctionnel qu'au civil, en tenant compte seulement des modifications de détail que commande la différence des juridictions.

395 *bis*. Ainsi : 1° La mention de la constitution d'un avoué n'est plus obligatoire ;

396. — 2° On devra, à Paris du moins, indiquer

le numéro de la chambre correctionnelle devant laquelle le procès sera porté ;

396 *bis*. — 3° Enfin, s'il y a récidive, on devra avoir soin de l'indiquer en visant l'art. 43 de la loi du 5 juillet 1844.

397. — 2° *Plainte au parquet*. Le breveté peut procéder par voie de plainte déposée au parquet. (Art. 63 du Code d'instruction criminelle.)

398. Sur cette plainte, une instruction est ouverte. Le magistrat qui la dirige ordonne toutes comparutions de parties ou tous dépôts de pièces qui lui semblent nécessaires.

399. Il peut, en outre, faire opérer par l'intermédiaire d'un commissaire de police toutes perquisitions et saisies des objets contrefaits.

Seulement, dans ce cas, les formalités de l'article 47 de la loi de 1844 ne sont pas applicables. Le commissaire de police qui procède à la saisie n'est donc tenu de laisser au détenteur des objets saisis ni la copie de l'ordonnance qui le commet, ni celle du procès-verbal de saisie. On suit les règles ordinaires de la police judiciaire, et c'est au juge d'instruction ou au Ministère public que sont remis les procès-verbaux, pour être joints aux pièces de la procédure.

400. Une ordonnance rendue par le juge d'instruction décide s'il faut renvoyer le prévenu devant le Tribunal correctionnel pour être jugé. Si l'ordonnance décide qu'il n'y a pas lieu à suivre, le breveté, ayant épuisé son action civile, ne pourra la reprendre devant aucune juridiction à raison du même fait.

Sans doute à cause de la sévérité de cette règle de déchéance, on emploie peu dans la pratique ce mode de citation.

401. Sur l'assignation, le prévenu de contrefaçon peut devant le Tribunal correctionnel, bénéficier de l'article 185 du Code d'instruction criminelle, et se faire remplacer par des conclusions signées par un avoué ou par tout autre mandataire, sauf dans les cas prévus par l'article 43 de notre loi, c'est-à-dire la récidive ou certaines circonstances aggravantes entraînant la peine de l'emprisonnement.

(Voir Formules 7 *bis* et 8.)

§ II. — Conclusions.

402. Les règles sont les mêmes qu'au civil.

Toutefois les conclusions, au correctionnel, peuvent être signées soit par un avoué, soit par la partie elle-même. Leur dépôt sur le bureau du Tribunal sera utilement constaté par le greffier au plumitif. Même il est nécessaire qu'elles soient cotées et paraphées. Leur adjonction au dossier, sans cette formalité préalable, serait insuffisante au cas où l'on voudrait établir plus tard devant la Cour de cassation un défaut de motifs contre l'arrêt de la Cour d'appel, fondé sur ce que ces conclusions seraient restées sans réponse.

403. Les conclusions ne peuvent jamais au correctionnel élargir le débat, soit en reprochant des faits nouveaux, soit en invoquant un brevet nouveau. La demande reste toujours circonscrite dans les limites tracées par l'assignation.

404. En tous cas, elles peuvent être prises en tout état de cause, et jusqu'à la clôture définitive des débats qui n'intervient qu'au moment du prononcé du jugement ou de l'arrêt.

§ III. — Exceptions et moyens de défense.

405. Comme au civil, le prévenu de contrefaçon peut, devant les Tribunaux correctionnels, opposer à la plainte deux sortes d'exceptions : Les exceptions de droit commun, préjudicielles [1] ou dilatoires (Voir *supra* n° 122 et suiv.), et les exceptions de nullité, de déchéance, ou de propriété du brevet invoqué contre lui.

406. Il peut de même opposer, en vertu du principe de la liberté de la défense, toutes les fins de non-recevoir tirées soit de la prescription, soit de la possession personnelle antérieure, soit de toutes conventions ou circonstances qui pourraient être utiles à sa défense.

407. Pour toutes ces exceptions et fins de non-recevoir, nous ne pouvons que renvoyer ici à ce qui a été dit *supra* n°s 112 et suiv., 185 et suiv, à propos de l'instance civile, sous réserves toutefois des observations suivantes :

408. *Sursis*. — Dans le cas où, au cours des poursuites correctionnelles ou antérieurement à leur exercice, une action en nullité de brevet se trouve engagée devant la juridiction civile, que devra faire le Tribunal correctionnel ? Juge des exceptions invoquées devant lui, devra-t-il statuer sur l'exception de nullité ou de déchéance sans tenir compte de l'instance civile, ou devra-t-il surseoir au juge-

---

1. Rappelons ici que la caution *judicatum solvi* peut être réclamée au correctionnel de tout demandeur étranger.

ment et laisser au Tribunal civil le soin de trancher la question de validité du brevet ?

Il n'y a à cet égard aucune règle à poser. Le Tribunal, dont le pouvoir d'appréciation n'est ici restreint par aucun texte de loi, est seul juge de l'opportunité de l'un ou de l'autre parti. Lorsqu'il ordonnera le sursis, il devra d'ordinaire fixer le délai dans lequel un jugement devra être sollicité devant le Tribunal civil.

409. *Recours en garantie.* — Devant le Tribunal correctionnel, le prévenu de contrefaçon n'a pas à assigner celui de qui il prétend tenir l'ordre de fabriquer. — En effet, cette juridiction ne peut qu'apprécier les moyens qui doivent établir l'innocence ou la culpabilité du prévenu. S'il y a jugement de relaxe, qu'est-il besoin de garant ? Si des peines sont prononcées, elles ont nécessairement un caractère de personnalité qui ne permet encore pas au garant une intervention utile.

Même si toutes les parties étaient d'accord pour admettre la garantie, et si l'appelé acceptait d'être mis en cause, le Tribunal devrait, encore qu'il n'en serait pas requis, repousser l'appel en garantie.

Ainsi, au correctionnel l'appel en garantie n'est jamais possible, tandis qu'au civil il est recevable dans le cas où celui qui le forme n'est pas lui-même reconnu coupable de contrefaçon.

410. *Intervention.* — Au contraire, l'intervention doit être admise devant le Tribunal correctionnel conformément au droit commun. L'art. 67 du Code d'instruction criminelle l'autorise en tout état de cause et jusqu'à la clôture des débats. Mais elle n'est possible que de la part de ceux qui voudraient unir leur action à celle du poursuivant, comme les co-propriétaires, cessionnaires partiels ou usufruitiers du brevet.

Tel serait encore le cas du syndic qui, au nom de la masse et comme représentant légal du failli dans les contestations qu'il a engagées, voudrait intervenir dans un procès en contrefaçon et reprendre la plainte du breveté tombé en faillite depuis le commencement des poursuites.

411. Il est de principe, au contraire, que nul ne peut intervenir au débat en faveur et à côté du prévenu. Cette intervention serait en effet illusoire, aucune condamnation ne pouvant être prononcée contre l'intervenant, puisqu'aux termes de l'article 45, il faut une plainte du breveté pour mettre en mouvement l'action publique.

Toutefois, il convient d'admettre une intervention de cette nature de la part de quiconque pourrait être déclaré responsable des condamnations civiles prononcées contre le prévenu.

§ IV. — Mesures d'instruction préparatoires.

412. *Expertise*. — A la différence de ce qui a lieu au civil, le Tribunal correctionnel peut, de lui-même et sans prendre l'avis des parties, ne nommer qu'un seul expert.

413. En outre, d'après une jurisprudence constante, la présence des parties à l'expertise n'est pas obligatoire. En fait, les experts ne doivent pas procéder à leurs opérations sans que les parties aient été invitées à y assister.

414. Comme au civil, le juge correctionnel peut éclairer sa religion par tous les documents qui, versés au procès, ont été soumis à un débat contradictoire, et spécialement chercher les éléments de sa décision dans des expertises précédemment faites sur des questions analogues entre d'autres parties.

415. Mais lorsqu'il est saisi de conclusions tendant à faire écarter du débat une expertise faite dans une autre instance et à en faire prescrire une nouvelle, il ne peut se borner à déclarer que le délit résulte suffisamment des débats et des documents produits, sous peine de violer les droits de la défense.

416. *Enquête.* — Les formes sont les mêmes qu'en matière civile.

Rappelons seulement qu'il est généralement admis que le Tribunal correctionnel n'est pas en droit d'appliquer aux témoins les reproches déterminés au Code de procédure. Il aura seulement d'après les circonstances tel égard que de raison aux dépositions recueillies par lui.

417. Enfin, quant à la comparution des parties, elle n'a jamais besoin d'être ordonnée par le Tribunal, puisqu'en principe les parties sont présentes à l'audience et ne se font représenter qu'exceptionnellement, comme il a été dit plus haut n° 214.

418. Pour la vérification d'écritures, on suit les règles du Code de procédure civile (art. 193 à 213).

§ **V.** — Incidents.

419. Tous les incidents d'instance se règlent comme en matière ordinaire. Nous n'avons donc pas à en parler ici.

Disons seulement :

420. — 1° Qu'en matière de contrefaçon, c'est une question controversée de savoir si le désistement du plaignant ou une transaction intervenue entre les parties fait, ou non, obstacle à la continuation des poursuites par le Ministère public. — Nous pensons, quant à nous, que rien dans la loi de 1844 ne venant faire échec au principe formulé dans l'article 4 du Code d'instruction criminelle, il y a lieu d'appliquer ici la règle générale : L'action publique, une fois mise en mouvement, demeure indépendante de l'action privée, et le désistement du plaignant ou une transaction intervenue entre les parties ne désarme pas le Ministère public, qui peut encore requérir une condamnation pénale, à défaut de réparations civiles [1].

421. — 2° Que le décès du prévenu, au cours de l'instance, avant qu'il y ait eu jugement sur le fond de la poursuite, éteint à la fois l'action publique et l'action civile à fin de réparation du délit. On verra plus loin qu'il en est autrement, et que la

---

1. *Sic*, Gastambide, *De la Contref.*, n° 155 ; Huard, *Brev. d'invent.*, art. 45. n° 5 et seq.; Faustin-Hélie, *Instr. crim*, n° 823 ; Calmels, *Propr. et Contref.*, n° 613 ; Schmoll, *Traité des brevets d'invent.*, n° 112 ; Bédarride, n° 590. — Cass., 2 juillet 1853, S. 54. 1. 153 ; D. 1854. 1. 366 ; — Paris, 3 avril 1875, S. 77. 2. 13 ; D. 76. 2. 191 ; — *Id.* 20 janv. 1852, S. 52. 2. 191 ; D. 52. 2. 207 ; — *Contra*, Renouard, *Brev. d'invent*, n° 233 ; Blanc, p. 336.

D'après quelques auteurs, le désistement du breveté serait sans influence sur l'action publique, alors même que ce désistement interviendrait avant la mise en prévention du contrefacteur.

juridiction correctionnelle reste compétente pour statuer, soit en appel, soit en cassation, sur les recours à fin de réparations civiles dont le jugement peut être l'objet, lorsque le prévenu n'est décédé que postérieurement au jugement de condamnation. (Voy. *infra,* n° 464.)

§ **VI**. — **Résultats de la poursuite.**

422. Au correctionnel, les jugements rendus sur les exceptions et fins de non-recevoir soulevées par le prévenu, et notamment sur les exceptions de nullité, de déchéance ou de propriété du brevet, n'ont pas, au point de vue de la chose jugée, les mêmes effets qu'au civil. C'est la conséquence du principe que les « Tribunaux correctionnels, ne jugeant les « questions civiles soulevées par le prévenu à titre « d'exceptions que dans la mesure et dans les limi- « tes de l'action pénale, ne prononcent jamais ni « la validité, ni l'invalidité du brevet. Ils acquittent « ou ils condamnent, c'est-à-dire qu'ils déclarent « qu'il y a, ou qu'il n'y a pas délit. Donc, ils ne sta- « tuent jamais que sur le passé, et dès lors, leurs « décisions ne sauraient influer sur l'avenir, ni ac-

« quérir l'autorité de la chose jugée à l'égard des
« faits qui peuvent être postérieurement dénoncés
« et poursuivis [1]. »

En fait donc, le jugement sur les exceptions est
inséparable du jugement sur le fond.

423. Le jugement au fond peut, comme au civil,
intervenir *de plano*, ou seulement après certains
jugements avant faire droit ordonnant des mesures
d'instruction, jugements qui sont tantôt préparatoires, tantôt interlocutoires, suivant les distinctions exposées *supra*, n°ˢ 284 et suiv.

Nous ferons observer seulement qu'en ce qui
concerne l'appel des jugements inlerlocutoires, la
faculté d'évocation entraîne, au correctionnel, des
conséquences plus graves encore qu'au civil. Elle
permet au Ministère public l'exercice de son action
forcément suspendu en première instance; il peut
requérir pour la première fois devant la Cour. Ce
pouvoir aux mains du Ministère public est à coup
sûr une diminution des droits de la défense, mais
aussi c'est une nécessité qui découle de la suppres-
sion même du premier degré; car l'évocation ne
pourrait avoir pour effet d'innocenter dans tous les
cas le prévenu.

1. Bédarride, t. II, n° 608.

424. Au fond, le jugement peut condamner ou acquitter le prévenu.

Mais, dans tous les cas, il n'est régulièrement rendu que si le Ministère public a été entendu, soit dans ses réquisitions, s'il était partie poursuivante, soit dans ses conclusions, s'il était partie intervenante. Son audition est de rigueur et doit, à peine de nullité, être constatée dans le jugement.

Occupons-nous maintenant des deux issues possibles du procès :

425. — I. *Condamnation*. — La condamnation correctionnelle peut avoir un double caractère ; elle peut être à la fois une peine et une réparation civile.

426. 1° *Peine*. — Les peines que les Tribunaux correctionnels peuvent prononcer comme répression du délit de contrefaçon sont l'amende et dans certains cas la prison.

427. L'amende peut être prononcée :

427 *bis*. *a*. Contre ceux qui ont porté atteinte aux droits du breveté soit par la fabrication de produits, soit par l'emploi de moyens faisant l'objet de son brevet ;

427 *ter*. *b*. Contre ceux qui ont sciemment recelé, vendu, exposé en vente ou introduit sur le territoire français un ou plusieurs objets contrefaits ;

Dans les deux cas, cette amende varie de 100 à 2000 francs.

427 *quater*. — *c*. Contre quiconque dans ses enseignes, annonces, prospectus, affiches, marques ou estampilles prendra la qualité de breveté.

L'amende, en ce cas, est de 50 à 1000 francs.

Lorsque plusieurs prévenus sont condamnés ensemble dans la même affaire, l'amende doit être prononcée séparément contre chacun d'eux.

428. La peine de l'emprisonnement peut être prononcée :

428 *bis*. — *a*. Contre le contrefacteur qui aura, comme ouvrier ou comme employé, travaillé dans les ateliers ou dans l'établissement du breveté ;

428 *ter*. — *b*. Contre le contrefacteur qui se sera associé avec un ouvrier ou un employé du breveté, et qui aura eu ainsi connaissance par ce dernier des procédés décrits au brevet.

Dans ce cas, l'ouvrier ou l'employé pourra être considéré comme complice.

429. — *c*. Contre tout contrefacteur récidiviste.

Il y a récidive lorsque depuis moins de cinq ans, le prévenu a été frappé d'une première condamnation pour un des délits prévus par la loi de 1844.

430. Il n'est pas nécessaire pour qu'il y ait récidive, que les deux condamnations aient été prononcées pour atteinte portée aux droits du même breveté. Quelle que soit l'invention contrefaite, quel que soit le breveté atteint par la contrefaçon, la circonstance que les deux délits ont été commis dans le délai de cinq ans suffit à constituer la récidicive.

431. Elle existe encore au cas où les deux délits ne sont pas identiques, comme lorsque, la première condamnation ayant été prononcée pour fabrication, la deuxième est prononcée pour vente ou recel. Même, il faut réputer récidiviste celui qui, condamné pour l'un des délits prévus par l'article 33, est ensuite dans les cinq ans condamné pour contrefaçon en vertu des articles 40 et 41 de notre loi.

432. Mais, dans tous les cas, il n'y a récidive qu'autant que les deux condamnations émanent de Tribunaux correctionnels.

433. Les peines édictées par la contrefaçon ne peuvent être cumulées, c'est-à-dire que si, dans la même poursuite, plusieurs faits de contrefaçon sont reprochés au même individu, une seule peine, la peine la plus forte, sera seule prononcée pour tous ces faits connexes.

434. L'article 463 du Code d'instruction criminelle sur les circonstances atténuantes est applicable en notre matière. Ainsi, si le Tribunal correctionnel accorde au prévenu de contrefaçon, même récidiviste, le bénéfice des circonstances atténuantes, la peine pourra être réduite à une simple amende dont le chiffre sera facultativement abaissé, même au dessous de 16 francs.

435. — 2° *Réparations civiles.* — *Confiscation.* — La confiscation, à notre avis, est une réparation civile, et n'a jamais le caractère d'une peine.

C'est à ce titre, comme nous l'avons indiqué plus haut n°ˢ 290 et suivants, qu'elle est prononcée par les Tribunaux civils.

436. En ordonnant la confiscation des objets saisis, le juge correctionnel n'a pas, comme le juge civil, le pouvoir de fixer une indemnité à payer par chaque jour de retard ; il ne peut jamais statuer, au point de vue des intérêts civils mis en jeu par le procès, que sur des allocations immédiates de dommages-intérêts, sans étendre en rien pour l'avenir la portée de sa sentence.

437. Comme au civil, les frais d'enlèvement des objets contrefaits et confisqués sont à la charge du prévenu condamné.

438. *Dommages-intérêts.* — Mêmes règles qu'au civil. (Voy. *supra* n°ˢ 319 et suiv.)

439. *Publication du jugement.* — La publication du jugement est une réparation civile. De là, une double conséquence :

1° Elle peut être ordonnée par le Tribunal correctionnel aussi bien en faveur du prévenu qui gagne son procès qu'en faveur du plaignant dans le cas contraire ;

2° Après un jugement de relaxe non suivi d'un appel du Ministère public, la Cour peut encore ordonner la publication contre le prévenu sur le seul appel de la partie civile.

440. *Dépens.* — Les dépens sont à la charge de la partie qui succombe, quelle que soit la juridiction. Au correctionnel, la partie civile, même quand elle a triomphé dans le procès, demeure engagée envers le Trésor au remboursement des frais, sauf recours contre le contrefacteur condamné.

S'il y a eu constitution d'avoué, bien que son ministère ne soit pas obligatoire au correctionnel, on admet que les frais pourront être passés en taxe. Le Tribunal a à cet égard un pouvoir souverain d'appréciation.

441. *Contrainte par corps.* — Nous avons dit n° 35 que la contrainte par corps doit être prononcée pour assurer le recouvrement des condamnations civiles infligées au contrefacteur.

442. Elle ne pourrait être prononcée contre le breveté dans le cas où, ayant échoué dans sa poursuite, il serait condamné à des dommages-intérêts envers le prévenu acquitté, pour réparation du préjudice résultant de son procès téméraire.

443. La condamnation du prévenu aux frais de son appel suffit, en l'absence d'appel de la partie civile, pour motiver l'augmentation de la durée de la contrainte par corps.

444. — II. *Acquittement*. — Le Tribunal peut acquitter le prévenu, s'il ne lui apparaît pas que la preuve de la contrefaçon soit faite.

En même temps, il doit, s'il y a lieu, renvoyer la personne citée comme civilement responsable.

445. Le prévenu renvoyé des fins de la plainte peut demander des dommages-intérêts au breveté.

446. Au surplus, c'est seulement à raison des poursuites téméraires dont il a été l'objet, que le prévenu acquitté pourrait réclamer devant le Tribunal correctionnel des dommages-intérêts. Pour tout autre chef d'indemnité qu'il aurait à faire valoir contre le plaignant, il devrait procéder par voie de demande principale ; de simples conclusions reconventionnelles prises au cours des débats ne suffiraient pas ; car il est de principe que la reconvention n'est pas admise en matière répressive. (Cass., 4 mars 1876, *Ann.* 76. 325).

447. Lorsque la partie civile ne se présente pas pour soutenir ses prétentions, le Tribunal doit donner contre elle défaut-congé. Le plus souvent alors il acquitte le prévenu. Dans ce dernier cas, l'action publique se trouve dès lors éteinte et ne peut revivre par le fait de l'opposition ultérieure du défaillant, lequel ne pourra faire désormais examiner sa plainte qu'au seul point de vue des réparations civiles.

448. L'acquittement du prévenu éteint l'action publique. Elle ne peut revivre que par l'appel du Ministère public. Si la partie privée est seule à interjeter appel, la Cour n'étant pas saisie au point de vue des condamnations pénales, ne peut statuer que sur les réparations civiles.

CHAPITRE V

§ Ier. — Opposition.

449. Les jugements par défaut au correctionnel peuvent être frappés d'opposition dans les cinq jours de leur signification.

450. Pour faire courir les délais, cette signification doit être faite dans la forme indiquée par les art. 182 et 154 du Code d'instruction criminelle.

Est néanmoins régulière et suffisante la signification portant mention dans la copie que la délivrance en est faite « parlant, comme il est dit en l'original, » alors d'ailleurs que l'original constate que la remise en a été effectuée conformément aux prescriptions de la loi, et que la partie touchée par l'exploit ne méconnaît pas avoir en réalité reçu la copie. (Paris, 22 avril et 10 déc. 1875, *Ann.*, 1877. 74).

Mais il en serait autrement si la partie intéressée pouvait se prévaloir des dispositions de l'art. 187 du même Code qui admet l'opposition du condamné, lorsque la signification n'a pas été faite *à personne*, s'il n'a pas eu connaissance de la décision qui lui fait grief. (Même arrêt).

451. Le droit d'opposition appartient au prévenu et aussi au plaignant, dans le cas où il ne s'est pas présenté, et a fait ainsi donner contre lui défaut-congé.

Dès qu'un jugement a été rendu sur l'opposition, il devient contradictoire, même au cas où il y aurait encore défaut d'une des parties, et n'est désormais attaquable que par l'appel ou le pourvoi en cassation.

§ II. — Appel.

452. L'appel au correctionnel doit être interjeté dans les dix jours de la prononciation du jugement.

453. Il est toujours suspensif, sauf dans deux cas où le juge du premier degré peut ordonner l'exécution du jugement par provision et nonobstant appel :

1° Dans le cas prévu par l'art. 188 du Code d'instruction criminelle.

2° Dans le cas de condamnation du prévenu à des dommages-intérêts à fixer par état, après une condamnation pénale passée en force de chose jugée.

454. Le droit d'appel appartient à toutes les personnes énumérées dans l'article 202 du Code d'instruction criminelle.

455. Pour que l'appel soit recevable, il faut que l'appelant n'ait acquiescé ni expressément, ni tacitement au jugement qui le condamne.

Tel serait le cas, par exemple, du contrefacteur qui, condamné en première instance, aurait déclaré sur sommation qu'il était prêt à remettre au breveté les objets confisqués.

456. Un appel est suffisamment justifié par cela seul qu'il a été prononcé en première instance une condamnation non méritée. Cet appel ne peut être déclaré mal fondé sous prétexte que les intérêts pécuniaires de l'appelant ne souffrent aucun préjudice ; l'intérêt moral qu'il a à faire disparaître la décision rendue contre lui, rend son appel suffisamment recevable et fondé. (Cass., 9 août 1872, *Ann.* 73. 171.)

457. Le Ministère public doit interjeter appel du

jugement qui relaxe le prévenu, s'il veut empêcher l'extinction de l'action publique. Si c'est la partie civile seulement qui a frappé d'appel le jugement qui l'a déboutée de sa plainte, la Cour ne pourra statuer que sur les réparations civiles sans prononcer aucune peine contre l'intimé.

C'est ainsi que la confiscation pourra être prononcée par la Cour, en cas d'appel interjeté par la partie civile seule, après renvoi du prévenu en première instance, puisque, comme il a été dit précédemment, le jugement de relaxe désarme seulement l'action publique, mais laisse possible en appel une condamnation à des réparations civiles. (V. *supra* n° 448.)

458. En aucun cas, les créanciers du prévenu ne pourraient appeler d'un jugement rendu contre leur débiteur, en invoquant l'article 1166 du Code civil.

459. L'appel ne remet en question que les chefs du jugement qui font grief à la partie appelante.

En conséquence, lorsqu'un Tribunal a été saisi de deux faits distincts de contrefaçon et qu'il n'a statué que sur un seul, si le plaignant n'a pas interjeté appel, la Cour qui n'est saisie que de l'appel du prévenu, ne doit statuer que dans les limites de cet appel et n'a pas à se prononcer sur le chef écarté ou omis.

460. Mais l'appel de la partie civile donne à la Cour le droit d'apprécier le caractère des faits incriminés, en dehors de tout appel du prévenu et du Ministère public, alors même que, par suite de l'absence d'appel de ce dernier, il n'y a plus lieu à prononcer aucune peine et que la Cour n'a plus à statuer que sur l'action civile. (Cass., 25 avril 1873, *Ann.*, 73. 175 ; — Paris, 12 fév. 1870, *Ann.*, 71-72. 277.)

461. *Appel incident.* — L'appel incident n'est pas recevable, et la partie qui a gagné son procès doit elle-même avoir interjeté appel dans les délais pour demander à la Cour de réformer *parte in qua* la sentence des premiers juges.

Ainsi, la partie civile qui n'aurait pas interjeté appel ne serait pas recevable à appeler incidemment des chefs du dispositif du jugement qui auraient repoussé ses demandes de dommages-intérêts et de publication du jugement, ou qui même auraient omis de statuer à cet égard.

462. Cependant, on admet qu'en cas d'appel téméraire, la Cour peut allouer des dommages-intérêts à l'intimé forclos, à qui les retards apportés par l'adversaire dans l'exécution de la sentence auront pu causer un préjudice.

463. Rappelons que le droit d'évocation qui permet à la Cour, infirmant un jugement interlocutoire, de statuer au fond et en dernier ressort, peut être exercé dans tous les cas, sauf celui de l'incompétence.

464. *Décès du prévenu.* — Survenu au cours de l'instance, le décès du prévenu éteint l'action publique; c'est le droit commun.

Mais si le prévenu décède après le jugement, alors qu'un appel a été interjeté, la Cour qui n'aura pas le droit de prononcer une condamnation pénale, laquelle est essentiellement personnelle, pourra du moins apprécier la sentence des juges du premier degré eu égard aux intérêts civils, et statuer sur ce chef. (Controverse [1].)

Cette solution ne nous paraît toutefois admissible que lorsque le prévenu est représenté au procès par ses héritiers ou par les continuateurs naturels de sa personne; elle cesserait de l'être dans le cas où un étranger, n'ayant avec le décédé qu'un lien fortuit

---

1. *Sic*, Mangin, *Act. publ.*, n° 282; Morin, *Droit crim.*, v° *Appel*, 43; — Cass., 10 mai 1872, Sir. 72. 1. 392; D. 72. 1. 331; — *Id.* 24 août 1854, S. 54. 1. 668; D. 54. 1. 293; — Besançon, 21 déc. 1854, S. 55. 2. 181; — *Contra*, Carnot, T. I. p. 63, 5e observ., — Cass., 9 déc. 1813; — Toulouse, 30 avril 1821; — Paris, 13 juin 1872, S. 72. 2. 96; D. 72, 2. 164; — Rouen, 1er fév. 1872, S. 72. 2. 230; D. 72. 2. 234. — *V.* au surplus, Pataille, *Annales*, 1863, p. 26.

né d'un intérêt passager, prétendrait intervenir dans l'instance.

465. Même règle, si le décès a eu lieu après le prononcé de l'arrêt, alors qu'il y a eu pourvoi devant la Cour de cassation.

466. L'extinction de l'action publique ne doit profiter qu'au contrefacteur décédé. Ce décès ne modifie en rien la situation de ceux qu'une condamnation solidaire aurait frappés.

CHAPITRE VI

1° *Au civil.*

467. Le délai pour se pourvoir en cassation est d'un mois seulement à dater de la signification à partie de l'arrêt ou du jugement.

468. Comme en toute matière, le pourvoi civil n'a pas d'effet suspensif. Aussi, indépendamment de l'exécution qui peut être poursuivie nonobstant le pourvoi, rien n'empêche les parties de demander, ni les Tribunaux de donner une interprétation du jugement ou de l'arrêt attaqué.

Cette interprétation même, en précisant la pensée du juge, est utile au jugement du pourvoi.

De même, un jugement ou un arrêt a-t-il prononcé la validité d'un brevet? Bien qu'attaqué en cassation, cet arrêt ou ce jugement s'impose au juge correctionnel saisi d'une affaire de contrefaçon relative au même brevet. Il devrait y subordonner sa décision.

469. Toutefois dans la pratique, le juge ne se prononce jamais avant de connaître l'issue du pourvoi, soit que les parties se mettent d'accord pour faire prononcer un sursis, soit que le juge, sans prononcer de sursis proprement dit, renvoie simplement l'affaire au premier jour ou à une date assez éloignée pour que la Cour de cassation ait le temps de statuer.

470. Les cas d'ouverture à cassation sont les mêmes qu'en matière ordinaire : Violation des formes de procédure, — de la loi, — incompétence et excès de pouvoirs, — *ultra petita*, — contrariété de jugements.

C'est ainsi, par exemple, que le jugement ou l'arrêt doivent être motivés expressément ou implicitement sur chacun des chefs de demande contenus dans les conclusions des parties.

471. Spécialement, 1° la déclaration de contrefaçon est insuffisante pour motiver la déclaration de nullité du brevet du défendeur.

Ainsi, lorsque le demandeur en contrefaçon a conclu à la nullité du brevet pris par le défendeur, l'arrêt qui déclare la contrefaçon doit aussi s'expliquer spécialement sur la question de nullité du brevet. (Cass., 16 fév. 1874, *Ann.* 74. 145.)

471 *bis.* 2° De même, lorsque le défendeur a invoqué en appel des antériorités qu'il n'avait pas produites en première instance, il y a défaut de motifs, si la Cour se borne à confirmer le jugement sans répondre aux conclusions nouvelles. (Cass., 3 mai 1869, *Ann.*, 69. 231.)

472. Mais ce qui, au point de vue des violations de la loi, élargit singulièrement le champ des recours en cassation, c'est que le brevet est considéré comme un contrat passé entre la société et l'inventeur, et forme dès lors, comme tout contrat, la loi des parties.

473. A ce point de vue, il appartient à la Cour suprême d'apprécier les termes et la portée légale des brevets et certificats d'addition invoqués, et de les rapprocher des appréciations des juges du fond, pour examiner s'ils n'en ont point méconnu le sens et la portée dans l'interprétation qu'ils en ont faite.

474. Pareillement, la Cour de cassation est juge de la suffisance ou de l'insuffisance de la description du brevet.

475. Mais il n'en est pas de même des questions

de nouveauté, de divulgation, d'identité, et, par suite, de brevetabilité de l'invention. Les juges du fait ont à cet égard un pouvoir souverain d'appréciation, et leurs décisions échappent à la censure de la Cour suprême, à la condition cependant d'être suffisamment motivées sur ces différents points. (Cass., 12 mars 1864, *Ann.*, 65. 28.)

De là, il suit que si la Cour de cassation a le droit d'interpréter le brevet d'invention qui sert de titre au plaignant et qui est la loi des parties, elle ne peut chercher dans l'interprétation d'autres brevets, étrangers à l'inventeur, la preuve de l'antériorité invoquée contre lui. (Cass., **12 Juin 1875**, *Ann.*, 75. 225.)

475 *bis*. Toutefois, cette appréciation n'échappe à la censure de la Cour suprême qu'autant que le juge du fait donne dans sa décision l'analyse des documents sur lesquels il la fonde. Autrement, la Cour de cassation ne pourrait apprécier, de son côté, si la loi du brevet a été fidèlement observée. Il faut, en effet, que la décision fournisse la preuve que les procédés constitutifs de l'invention ont été exactement analysés et bien compris dans leur portée, dans leur but et dans leurs moyens d'action, et que les juges ont fait une comparaison sérieuse entre les procédés brevetés et ceux antérieurement connus. (Cass., 21 Juin 1862, S. 62. 1. 1084; — 31 juill. 1867, *Ann.*, 67. 323.)

475 *ter*. C'est ainsi qu'en définitive, la déclaration des juges du fait sur le défaut de nouveauté d'une invention brevetée, n'est souveraine qu'autant que les antériorités invoquées ont un objet identique à la loi du brevet. (Cass., 8 Janv. 1869, S. 69, 1. 188.)

475 *quater*. Quant à la recevabilité du pourvoi, il suffit que le demandeur justifie d'un intérêt pécuniaire ou moral. (Cass., 27 août 1856, S. 57. 1. 577.)

2° *Au correctionnel.*

476. Le délai du pourvoi est de trois jours francs, à dater du prononcé du jugement ou de l'arrêt, si les parties y étaient présentes; sinon, à dater du jour de leur signification.

477. En général, les parties sont toujours présentes au prononcé de l'arrêt; car de deux choses l'une : ou il a lieu immédiatement après la clôture des débats, ou, si la Cour croit nécessaire de délibérer, il est renvoyé à un jour qu'elle fixe d'avance, et auquel les parties sont tenues de se présenter, ou quelqu'un pour elles.

Il arrive pourtant quelquefois que la Cour se borne à renvoyer le prononcé de son arrêt *au premier jour* sans autre indication. Dans ce cas, les parties doivent être ultérieurement averties, par une notification régulière, du jour où l'arrêt sera rendu ; et alors le délai du pourvoi court à partir de ce jour ; sinon, il ne commence à courir que du jour de la signification de l'arrêt lui-même.

478. Le pourvoi est toujours suspensif et fait obstacle à l'exécution de l'arrêt, même en ce qui touche les intérêts civils sur lesquels il statue. Le fait seul de poursuivre l'exécution d'un arrêt, en dépit du pourvoi formé contre lui, rend passible de dommages-intérêts celui qui exécute.

479. Les cas d'ouverture à cassation sont les mêmes qu'au civil au point de vue des violations de la loi, et les mêmes qu'en matière correctionnelle ordinaire, au point de vue des autres causes de recours en cassation.

480. Quant aux incidents qui peuvent se produire au cours de l'instance en cassation, ils sont réglés par le droit commun.

Ainsi, pour ne citer que le plus important, le décès du prévenu, avant qu'il ait été statué sur son pourvoi, éteint l'action publique, et par une conséquence nécessaire, il éteint également l'action civile devant les Tribunaux de répression, ceux-ci n'étant compétents pour connaître de cette action qu'acessoirement à l'action publique et concurremment avec elle. Par suite, la Cour de cassation n'a pas à statuer sur le pourvoi.

Mais le décès du prévenu dans les mêmes conditions laisse subsister contre son co-prévenu toutes les condamnations solidaires prononcées contre eux pour des faits communs de contrefaçon.

481. Observons enfin qu'en cas de cassation et de renvoi ordonné devant une autre Cour, les peines peuvent être aggravées par le juge, bien que la cassation ait été obtenue par le prévenu, pourvu que la peine ne dépasse pas celle prononcée par le jugement de première instance. (Cass., **27 mai 1870,** *Ann.* 70. 189.)

Mais la peine pourrait être plus élevée que celle du jugement, s'il y avait un pourvoi du Ministère public.

MARQUES DE FABRIQUE

CHAPITRE PREMIER

CONTREFAÇON

482. La marque de fabrique est un moyen matériel de garantir l'origine de la marchandise pour celui qui l'achète, en quelque lieu et en quelques mains qu'elle se trouve. (Paris, 16 Janv. 1864, *Ann.* 68. 336.)

483. La contrefaçon des marques de fabrique peut se produire sous huit formes différentes :

1° La contrefaçon proprement dite ;

2° L'usage de marques contrefaites ;

3° L'apposition frauduleuse d'une marque appartenant à autrui ;

4° La vente ou mise en vente de produits revêtus d'une marque contrefaite ou frauduleusement apposée ;

5° L'imitation frauduleuse ;

6° L'usage d'une marque frauduleusement imitée;

7° L'usage d'une marque portant des indications propres à tromper l'acheteur sur la nature du produit ;

8° La vente, ou mise en vente de produits revêtus d'une marque frauduleusement imitée, ou portant des indications propres à tromper l'acheteur sur la nature du produit.

484. De plus et en dehors de ces faits qui constituent la contrefaçon de marque, la loi prohibe encore :

1° La non-apposition sur les produits d'une marque déclarée obligatoire ;

2° La vente ou mise en vente de produits ne portant pas la marque déclarée obligatoire ;

3° La contravention aux dispositions des décrets rendus en exécution de l'article 1 de la loi de 1857 ;

4° L'introduction en France de produits étrangers portant soit la marque, soit le nom d'un fabricant résidant en France, soit l'indication du nom ou du lieu d'une fabrique française.

Reprenons successivement chacun de ces délits.

485. *Contrefaçon proprement dite.* — La contrefaçon proprement dite résulte de la simple reproduction de la marque, abstraction faite de l'usage

et indépendamment de tout préjudice causé. (Cass.,
15 janv. 1876, S. 76. 1. 91.)

Il suit de là qu'il y a délit dans le seul fait par un
imprimeur, graveur etc., de fabriquer une marque
contrefaite sur l'ordre d'un tiers, sans que celui qui
a fabriqué cette marque puisse se prévaloir de sa
qualité de mandataire. (Lyon 2 avril 1868, *Ann.*,
68. 381.)

486. Il n'est pas nécessaire que la contrefaçon
porte sur la marque tout entière. Même partielle,
elle constitue encore le délit.

Toutefois, pour que le délit existe, il faut que la
reproduction porte sur une partie essentielle et
caractéristique de la marque.

487. Dans tous les cas, il n'y a contrefaçon
qu'autant que la marque a été reproduite dans le
même commerce ou la même industrie, sans qu'il
y ait lieu de distinguer si les marchandises revêtues
de la marque contrefaite sont ou non de la même
qualité.

Au surplus, la loi ne frappe que le délit consommé. La simple tentative échappe à toute poursuite.

488. *Usage*. — L'usage d'une marque contrefaite constitue, en dehors de tout fait matériel
de reproduction et indépendamment de tout préjudice, le délit de contrefaçon.

489. *Apposition frauduleuse d'une marque appartenant à autrui*. — Le fait seul par un commerçant d'emprunter la marque d'autrui, pour l'apposer sur ses propres produits, ne suffirait pas à constituer le délit. Il faut, de plus, que l'apposition ait été frauduleuse. (Controverse [1].)

490. *Vente ou mise en vente*. — Tout fait de vente, même unique, constitue le délit, indépendamment de tout bénéfice. Mais il faut que le vendeur ait agi sciemment.

491. Quant à la mise en vente, le délit existe en dehors même de toute exhibition, par le fait de détenir en magasin en vue de la vente des produits revêtus d'une marque contrefaite, si d'ailleurs les détenteurs ont agi sciemment.

L'immunité qui, d'après nous, doit s'attacher en matière de brevets, aux objets contrefaits exhibés dans une exposition publique, ne saurait être invoquée en matière de marques ; car une exposition ne peut avoir, au point de vue des marques de fabrique, qu'un but mercantile.

492. *Imitation frauduleuse*. —Pour constituer le délit, l'imitation doit présenter un double caractère :

---

1. *Sic*, Pouillet, n° 198 ; Huard, *Journ. de la Prop. indust.*, n° 157 ; Rendu, n° 160 ; Renouard, *Droit industr.*, p. 395. — *Contra*, Bédarride, n°ˢ 923 et 924.

1° Elle doit révéler une intention coupable ;

2° Elle doit être de nature à tromper l'acheteur, en créant une confusion dans son esprit.

493. *Usage d'une marque frauduleusement imitée.* — D'après certains auteurs, l'usage d'une marque frauduleusement imitée, constituerait à lui seul la contrefaçon, indépendamment de toute intention frauduleuse. Nous croyons, quant à nous, que la loi ne punit l'usage de la marque imitée, comme l'imitation même de la marque, que si le fait est accompagné de l'intention de nuire. (Controverse [1].)

Remarquons d'ailleurs que l'usage doit être commercial, et que, par suite, la détention pour un usage personnel, indépendamment de toute spéculation commerciale, ne constitue aucun délit.

494. Quant aux faits indiqués aux n°s 6 et 7 ci-dessus, ils ne constituent des délits que si l'intention frauduleuse existe.

Mais la simple tentative est punie comme le fait même. Ainsi, le seul fait de faire usage d'une marque portant des indications de nature à tromper l'acheteur, alors même que personne n'aurait été

---

1. *Sic*, Pouillet, *Marq. de fabr.*, n° 194 ; Huard, *eod. loc.* ; — *Contra*, Bédarride, n°s 923 et 924.

en réalité trompé, constitue le délit de contrefaçon. (Controverse [1].)

Au surplus, le fait d'apposer sur un produit une marque tendant à lui attribuer une origine mensongère constitue le délit prévu par le § 2 de l'article 8 de notre loi. Il tombe aussi sous l'application de l'article 423 du Code pénal, comme tromperie sur la qualité de la marchandise vendue. (Controverse [2].)

495. *Non-apposition de marques déclarées obligatoires*. — Bien que, en principe, la marque soit facultative, des décrets rendus en la forme des règlements d'administration publique peuvent exceptionnellement la déclarer obligatoire pour certains produits déterminés, tels que :

a. Les imprimés et gravures, sur lesquels les imprimeurs et graveurs doivent indiquer leur nom patronymique, leur profession, la ville et la rue où est située l'imprimerie. (Lois des 28 Germinal an IV et 21 octobre 1844.)

b. Les objets de joaillerie, orfèvrerie, plaqués et doublés, ruolz, etc. etc., sur lesquels les fabricants doivent mettre certains signes spéciaux, emblèmes

---

1. *Sic*, Pouillet, n° 363 ; Rendu, n° 196. — *Contra*, Bédarride, n° 970.

2. *Sic*, Huard, *Journ. de la Prop. indust.*, n° 61. — *Contra*, Seine, Tr. corr., 9 juillet 1835.

ou poinçons. (Loi du 19 Brum. an VI ; — Décret du 26 mai 1860.)

c. Les cartes à jouer, sur l'enveloppe desquelles les fabricants doivent apposer leurs nom, demeure, marque et signature en forme de griffes. (Décret du 9 fév. 1860.)

d. Les armes de guerre ou de commerce, qui doivent être poinçonnées pour constater qu'elles ont été soumises aux épreuves obligatoires. (Décret du 25 juil. 1810 ; — Ordon. des 28 mars 1815 ; — 23 juil. 1816, — et 2 Déc. 1835.)

e. Les substances vénéneuses qui doivent porter une étiquette indicative du nom et de l'adresse du pharmacien qui les délivre. (Ord. du 29 oct. 1846.)

f. Les savons sur lesquels les fabricants doivent indiquer, avec le nom de la ville où ils résident, la matière servant à la fabrication, comme huiles d'olive, huiles de grain, suif ou graisse. (Décrets des 1er avril et 18 sept. 1811.)

Spécialement, pour les savons de Marseille, un décret du 22 décembre 1812 édicte une marque particulière en forme de pentagone.

g. Les étoffes d'or ou d'argent fin, mi-fin, ou faux, qui doivent être munies de lisières spéciales. (Décret du 20 floréal an XIII.)

De même, pour les velours, selon qu'ils sont à un ou plusieurs poils.

h. Les fils et tissus de fabrication française, qui doivent porter une marque et un numéro de fabrication, pour les distinguer des mêmes produits venant de l'étranger. (Loi du 28 avril 1816 ; — Ordon. des 8 août 1816, — 23 sept. 1819 ; — Loi de douanes du 21 av. 1828 — Ordon. du 3 av. 1836.)

i. Enfin, les eaux minérales artificielles sur lesquelles les fabricants doivent apposer leur nom. (Ordon. du 18 juin 1823.)

496. *Vente ou mise en vente de produits non revêtus de la marque obligatoire.* — A la différence de ce qui a lieu pour la vente ou la mise en vente de produits revêtus de marques contrefaites, il n'est pas nécessaire ici que le délinquant ait agi sciemment.

497. *Contravention aux dispositions des décrets rendus en exécution de l'art. 1 de la loi de 1857.* — Cette disposition finale prévoit et règle le cas de contravention à des décrets postérieurs à la promulgation de la loi. (Voy. *supra,* n° 495.)

498. *Introduction en France de produits étrangers.* — Pour que le délit existe, il n'est pas nécessaire que la marque apposée sur les produits étrangers soit exactement celle du commerçant français. Il suffirait que la marque fût seulement imitée.

Mais le délit disparaît, lorsqu'il y a consentement du fabricant français.

499. Enfin, lorsque le propriétaire d'une marque de fabrique a, conformément à la loi du 26 nov. 1873, fait apposer le timbre ou poinçon de l'État, sur les étiquettes, bandes, enveloppes ou estampilles où figure sa marque, la contrefaçon, la falsification de ces timbres ou poinçons, l'usage des timbres ou poinçons contrefaits ou falsifiés constituent non plus de simples délits, mais des crimes dont les auteurs deviennent justiciables de la Cour d'assises. (art. 6 de la loi de 1873.)

Au contraire le simple usage frauduleux des timbres ou poinçons véritables soit par un employé de l'Administration, soit par un concurrent qui les ferait servir à ses propres produits, ne constitue qu'un délit.

500. Peuvent poursuivre la contrefaçon :

1° Le Ministère public, — puisque aucune disposition de la loi de 1857 ne subordonne l'exercice de l'action publique à la plainte de la partie lésée ;

2° Le propriétaire ou co-propriétaire, soit qu'il poursuive la contrefaçon de sa marque, soit qu'il poursuive la répression du délit ou du crime prévu par la loi du 26 nov. 1873 sur le poinçonnage des marques de fabrique par l'État.

3° Le cessionnaire total ou partiel. — Mais il n'en est pas de même du simple dépositaire, même exclusif, de la marque ;

4° L'usufruitier ou le créancier gagiste d'une marque de fabrique appartenant au fonds de commerce qui fait l'objet de l'usufruit ou du nantissement ;

5° L'acheteur trompé sur la nature du produit qu'il a acheté par les fausses indications de la marque. (Controverse [1]:)

1. *Sic*, Bédarride, n° 970; Pouillet, n° 365 ; Rendu, n° 213. —*Contra*, Calmels, n° 12.

CHAPITRE II

JURIDICTION ET COMPÉTENCE

———

501. Les actions en contrefaçon de marques sont de la compétence des Tribunaux civils et correctionnels.

502. Mais si le demandeur est libre de choisir, il ne peut toutefois agir au correctionnel qu'autant qu'il aura effectué le dépôt préalable de sa marque ; sinon, la voie civile seule lui est ouverte.

503. La compétence des Tribunaux de commerce se trouve ainsi exclue ; ils ne pourraient être appelés à apprécier la contrefaçon d'une marque de fabrique qu'au cas où elle se trouverait mêlée à une question de concurrence déloyale dont elle constituerait un des éléments. (Voy. *infra*, n° 571.)

504. Le Tribunal arbitral peut être juge de la contrefaçon de marques ; sa compétence est même ici plus étendue qu'en matière de contrefaçon de brevets : il peut statuer sur la propriété d'une marque.

505. Les avantages et les inconvénients qu'offre chacune des deux juridictions civile et correctionnelle et dont nous avons déjà parlé à propos des brevets, se reproduisent ici. Mais il est bon de rappeler que dans les procès en contrefaçon de marques, il est dangereux souvent de saisir le Tribunal de répression lequel, ayant à apprécier l'intention frauduleuse quand il y a lieu, fera toujours bénéficier le prévenu du doute qui pourrait planer sur cette intention.

506. La procédure devant les deux juridictions est la même qu'en matière de contrefaçou de brevets, sous réserve des observations suivantes :

507. — I. *Saisie*. — 1° Le droit de requérir la saisie n'appartient qu'au propriétaire qui a effectué le dépôt de la marque, et le magistrat requis de délivrer l'ordonnance ne doit le faire que sur le vu du procès-verbal de dépôt.

508. — 2° L'ordonnance de saisie peut être rendue par le président du Tribunal civil ou, à son défaut, par le juge de paix du canton où se trouvent les objets à décrire ou à saisir.

En accordant ce pouvoir au juge de paix, la loi

de 1857 a voulu rendre plus prompte et plus certaine la répression de la contrefaçon.

Remarquons toutefois qu'au cas où il existerait des contrefacteurs dans plusieurs cantons, le saisissant n'aurait besoin que d'une seule ordonnance du président, tandis qu'il lui faudrait autant d'autorisations de juge de paix qu'il y aurait de cantons où les saisies devraient être pratiquées.

509. — 3° Dans la majorité des cas, le magistrat qui rend l'ordonnance de saisie doit en limiter les effets à une simple constatation suffisante pour édifier le Tribunal, afin d'éviter les vexations d'une mesure violente qui, inconsidérément autorisée, livrerait les intérêts du grand nombre à la fantaisie de quiconque se trouverait armé d'un simple dépôt de marque. En effet, il n'y a pas ici le même intérêt qu'en matière de brevets d'invention à pratiquer des saisies réelles, puisque la confiscation, au lieu d'être obligatoire pour le juge, est toujours facultative.

510. — 4° Quel que soit le magistrat qui a répondu la requête, président du Tribunal ou juge de paix, l'ordonnance n'est susceptible d'aucun recours, et il ne reste aux parties que la voie du référé.

511. — 5° Les règles particulières à cette saisie ne s'appliquent qu'autant que les poursuites sont engagées à la requête de la partie civile. Si le Ministère public agit directement, les poursuites devront se faire dans la forme indiquée au Code d'instruction criminelle (art. 47 et 49).

6° Quand le saisissant est un étranger, le magistrat *peut* lui faire déposer un cautionnement avant d'autoriser la saisie; c'est encore une différence frappante avec la loi de 1844, d'après laquelle le breveté étranger *est tenu*, avant de saisir, de déposer un cautionnement.

512. — 7° Spécialement, dans le cas d'introduction en France de produits étrangers (art. 19), la saisie peut être faite à la diligence de l'Administration des Douanes, par l'intermédiaire de ses préposés. En ce cas, le procès-verbal de saisie doit être immédiatement adressé au Ministère public.

513. — II. *Assignation.* — L'assignation doit être donnée dans les quinze jours de la saisie, sous peine de nullité de cette dernière.

514. Spécialement, dans le cas d'introduction en France de produits étrangers, le délai de l'assignation, soit à la requête de la partie lésée, soit à la requête du Ministère public, est porté à deux mois.

515. — III. *Exceptions et fins de non-recevoir.* — Deux exceptions sont spéciales à la matière ; l'une tirée du défaut de nouveauté de la marque, l'autre de sa déchéance pour défaut d'usage.

516. L'exception prise du défaut de nouveauté est opposable toutes les fois que la marque revendiquée est devenue vulgaire dans l'industrie où l'on veut l'employer, ou que le détenteur peut établir l'antériorité de son droit de propriété.

517. L'exception prise du défaut d'usage peut être invoquée toutes les fois qu'il y a eu, de la part du demandeur, abandon exprès ou tacite de la marque revendiquée.

518. De plus, au correctionnel, le défendeur peut exciper de l'irrégularité du dépôt, comme, par exemple, au cas où le greffier aurait accepté le dépôt d'une marque en un seul exemplaire, — ou s'il a accepté le dépôt, non de deux exemplaires de la marque reproduite sur papier, mais de deux objets sur lesquels la marque est apposée, — ou si la marque déposée était de dimension autre que celle prescrite par la loi.

519. *Fins de non-recevoir.* — Le défendeur peut également opposer à la demande deux fins de non-recevoir spéciales, tirées de sa bonne foi ou de la provocation dont il aurait été l'objet.

520. *Bonne foi.* — Cette fin de non-recevoir n'est pas toujours opposable.

Lorsqu'il s'agit de poursuites pour contrefaçon de marque ou usage de marque contrefaite (§§ 1 et 2 de l'art 7), l'auteur du délit ne peut pas invoquer sa bonne foi. Rien, en effet, n'indique dans la loi que le législateur ait voulu admettre cette excuse. (Controverse [1].)

De même, pour la vente et mise en vente de produits non revêtus de la marque obligatoire, par la raison que nul n'est censé ignorer la loi.

521. Mais la bonne foi peut être invoquée dans les cas d'apposition de marques, de vente, de mise en vente ou d'imitation.

Il en est de même dans le cas d'usage de marques portant des indications propres à tromper l'acheteur sur la nature du produit. Cela résulte des mots : « propres à tromper » (§ 2, art. 8), qui impliquent non-seulement l'idée d'une erreur dans l'esprit de l'acheteur, mais encore celle de fraude dans l'esprit de celui qui a fait usage d'une marque contenant des indications trompeuses. (Controverse [2].)

---

1. *Sic*, Calmels, *Brev. d'invent.*, n° 73 ; Bédarride, n° 909 ; Rendu, n° 131 ; — Paris, 15 mai 1868, *Ann.*, 68. 126 ; — *Contra*, Calmels, n° 65 ; Bozérian, *Prop. ind.*, n° 325. — *Voyez* aussi Huard, *Journ. de la Prop. ind*, n° 157, qui enseigne que le fabricant poursuivi pour contrefaçon d'une marque de fabrique, peut, comme le débitant, invoquer sa bonne foi, mais qu'il ne peut en argumenter utilement qu'autant qu'elle résulte de la croyance où il aurait été que le propriétaire de la marque l'avait autorisé à s'en servir.

2. *Sic* Pouillet, n° 367 ; Huard, *Journ. de la Prop. indust.*, n° 157 ; — *Contra*, Bédarrides, n° 928.

522. *Provocation.* — Cette fin de non-recevoir peut être opposée toutes les fois que le défendeur peut justifier de manœuvres employées auprès de lui par l'auteur de la commande pour surprendre sa bonne foi et forcer sa confiance.

Mais elle cesse d'être opposable lorsque la provocation a eu pour but, de la part du propriétaire de la marque, non de faire naître, mais de constater l'existence d'un fait matériel de contrefaçon. (Controverse [1].)

523. — IV. *Résultats de la demande.* — 1° *Condamnation du défendeur.* Le jugement peut prononcer contre le défendeur qui succombe des réparations civiles (dommages-intérêts, confiscation, publicité du jugement, etc....) et des condamnations pénales (amende, emprisonnement, privation de certains droits civils). La loi édicte aussi une pénalité spéciale : la destruction des marques.

524. *Confiscation.* La confiscation porte non-seulement sur la marque contrefaite, mais encore

---

1. *Sic*, Cass., 15 janv. 1876, S. 76. 1. 92;—Paris, 19 mars 1875, S. 75. 2. 97; — Seine, 30 juin 1869, *Ann.*, 70. 31; — Pouillet, n° 152; Pataille, 1875, p. 31; — *Contra*, Paris, 13 janv. 1864, *Ann.*, 64. 135; — Seine, 29 janv. 1875, S. 75. 2. 98;— Huard, *Répert. de Législ. en mat. de marq. de fabr.*, p. 33, n° 29; Lyon-Caen, note sous l'arrêt de Paris du 19 mars, 1875, précité.

sur l'objet qui en est revêtu et qui le plus souvent fait corps avec elle.

525. La confiscation est facultative ;

« Le plaignant consultera son intérêt, le magistrat la justice, » disait le rapport. Il peut arriver en effet, que l'objet sur lequel la marque se trouve indûment apposée soit d'un prix considérable, et son allocation au poursuivant serait de nature à lui procurer un avantage hors de proportion avec le préjudice causé.

526. En outre, elle n'est pas toujours ordonnée pour indemniser le plaignant. Elle pourrait aussi être prononcée au profit de l'État, comme au cas où, s'agissant du délit d'introduction en France de produits étrangers (art. 19), aucun des fabricants intéressés ne se présenterait dans l'instance.

527. En matière de marques obligatoires, le Tribunal peut prononcer la confiscation des produits, si le prévenu a encouru, dans les cinq années antérieures, une condamnation pour le même délit. (Art. 15.)

528. *Amende et emprisonnement.* — La loi de 1857 punit d'une amende de 50 fr. à 3,000 fr. et d'un emprisonnement de 3 mois à 3 ans, ou de l'une de ces peines seulement :

1° Ceux qui ont contrefait une marque ou fait usage d'une marque contrefaite ;

2° Ceux qui ont frauduleusement apposé sur leurs produits ou les objets de leur commerce une marque appartenant à autrui ;

3° Ceux qui ont sciemment vendu ou mis en vente un ou plusieurs produits revêtus d'une marque contrefaite ou frauduleusement apposée.

529. Elle punit d'une amende de 50 fr. à 2,000 fr, et d'un emprisonnement d'un mois à un an, ou de l'une de ces peines seulement :

1° Ceux qui sans contrefaire une marque en ont fait une imitation frauduleuse de nature à tromper l'acheteur, ou ont fait usage d'une marque frauduleusement imitée ;

2° Ceux qui ont sciemment vendu ou mis en vente un ou plusieurs produits revêtus d'une marque frauduleusement imitée, ou portant des indications propres à tromper l'acheteur sur la nature du produit.

530. Elle punit d'une amende de 50 fr. à 1,000 fr. et d'un emprisonnement de 15 jours à 6 mois, ou de l'une de ces peines seulement :

1° Ceux qui n'ont pas apposé sur leurs produits une marque déclarée obligatoire ;

2° Ceux qui ont vendu ou mis en vente un ou plusieurs produits ne portant pas la marque déclarée obligatoire pour cette espèce de produits ;

11.

3° Ceux qui ont contrevenu aux dispositions des décrets rendus en exécution de l'art. 1er de la loi de 1857, d'après lequel des décrets rendus en la forme des règlements d'administration publique peuvent exceptionnellement déclarer la marque obligatoire pour les produits qu'ils déterminent.

531. Ces dernières pénalités ont remplacé celles édictées dans les lois antérieures sur les marques obligatoires.

532. En outre, le Tribunal doit toujours, en pareil cas, prescrire que les marques déclarées obligatoires seront apposées à l'avenir sur les produits qui y sont assujettis. (Art. 15.)

533. Spécialement, en ce qui concerne les infractions à la loi de 1873 sur le poinçonnage des marques de fabriques (Voy. *supra*, n° 499), la contrefaçon ou falsification des timbres ou poinçons, et l'usage des timbres ou poinçons contrefaits ou falsifiés, sont punis de la peine des travaux forcés à temps, dont le *maximum* doit toujours être appliqué. (Art. 140. C. Pén.)

L'usage frauduleux des timbres ou poinçons véritables est puni de deux à cinq ans de prison (Art. 142. C. Pén.), sans préjudice de la privation des droits mentionnés dans l'art. 42 du même code et de la surveillance de la haute police.

Dans les deux cas, les circonstances atténuantes peuvent être admises.

534. *Privation de certains droits civils.* — Le Tribunal correctionnel peut encore, à titre de peine, prononcer la privation du droit de participer aux élections des Tribunaux et des chambres de commerce, des chambres consultatives des arts et manufactures et des conseils de prud'hommes. Cette déchéance ne peut être prononcée pour plus de dix ans.

535. En cas de récidive, c'est-à-dire quand dans les cinq années qui précèdent la poursuite le prévenu a déjà été condamné pour l'un quelconque des délits prévus par la loi de 1857, le Tribunal peut élever la peine au double.

536. *Destruction des marques.* — Cette peine doit toujours être prononcée, et la destruction doit s'étendre, lorsqu'il s'agit d'étiquettes imprimées, aux pierres lithographiques elles-mêmes.

Elle atteint non-seulement les objets saisis, mais encore ceux qui sont restés libres aux mains du prévenu.

537. Spécialement, dans le cas d'introduction en France, si la confiscation est prononcée au profit du Trésor (Voy. *supra*, n° 536), la destruction des fausses marques doit avoir lieu en présence du directeur des Douanes. — Si la confiscation est prononcée au profit de la partie lésée, celle-ci devra assister à la destruction. (Circul. du direct. des Douanes.)

538. 2° *Renvoi du défendeur.* — Le jugement qui renvoie le défendeur peut lui accorder des dommages-intérêts.

Il peut de plus ordonner, sur de simples conclusions reconventionnelles du défendeur, pour le cas où il serait établi que celui-ci avait la priorité d'usage des marques litigieuses, que le demandeur sera tenu de différencier à l'avenir ses propres marques ou étiquettes de manière à éviter toute confusion. (Seine 1er juin 1875, *Ann.*, 77. 245.)

539. Mais lorsque le défendeur est renvoyé à raison de sa bonne foi, il peut, même en ce cas, être condamné à des dommages-intérêts, car l'absence de l'intention de nuire laisse subsister l'obligation de la réparation à la charge de quiconque a causé un préjudice à autrui.

En outre, la destruction des marques doit aussi être ordonnée.

540. *Droits des étrangers.* — L'étranger (individu et société), propriétaire d'une marque de fabrique, est assimilé au Français pour l'exercice de son action en contrefaçon :

1° Lorsqu'il possède en France un établissement d'industrie ou de commerce (art. 5) ;

2° Lorsque, à défaut de cet établissement en France, il existe entre la France et le pays où son établissement est situé, des conventions diplomatiques qui ont établi la réciprocité de protection pour les marques françaises (art. 6) [1].

Il en est de même du Français dont l'établissement est situé hors de France (art. 6).

541. Dans les deux cas, l'étranger est astreint au dépôt de la marque dans les mêmes conditions que le Français.

542. Toutefois, dans l'hypothèse de l'art. 6, le dépôt des marques étrangères a lieu au greffe du Tribunal de la Seine ; mais, dans ce cas, l'étranger ne pourrait point agir en vertu d'un dépôt de marques effectué avant le traité qui lui donne droit d'action en France [2].

---

1. On pourrait croire que la loi du 26 nov. 1873, dans son art. 9, a modifié l'art. 6 de la loi de 1857, en décidant que « les dispositions des autres lois en vigueur touchant le nom commercial, les marques, dessins ou modèles de fabrique seront appliquées au profit des étrangers, si, dans leur pays, *la législation* ou des traités internationaux, assurent aux Français les mêmes garanties. » — Mais il nous semble difficile d'admettre que cet article ajouté au cours de la discussion puisse être considéré comme dérogeant à la fois au principe général de l'art. 11 du Code civil et à la règle spéciale de l'art. 6 de la loi de 1857. *Voy.*, à cet égard, Pouillet, n°s 328 et 354; — Seine, 8 mai 1878, (*Gaz. Trib.*, n° du 20 juil.).

2. Il faudrait décider le contraire, si l'on admettait que, en

543. Des traités de réciprocité existent avec :
1° l'Allemagne (9 mai 1865, 11 déc. 1871, 11 oct.
1873); 2° l'Angleterre (23 janv. 1860) [1]; 3° l'Autriche (11 déc. 1866); 4° la Belgique (1er mai 1861);
5° Le Brésil (12 avr. 1876); 6° l'Espagne (30 juill.
1876); 7° les États-Unis (16 juin 1869); 8° la Grèce
(22 mars 1872); 9° l'Italie (29 juin 1862); 10° Les
Pays-Bas (7 juill. 1865); 11° le Portugal (11 juill.
1866); 12° la Russie (1er avr. 1874); 13° la Suède
et la Norwège (14 fév. 1865); 14° la Suisse (30 juin
1864).

vertu de l'art. 9 de la loi de 1873, il suffit, pour donner à l'étranger le droit de poursuivre en France la contrefaçon de sa marque,
qu'il existe dans son pays une loi punissant l'usurpation des marques françaises.

1. Un acte du Parlement, du 7 août 1862, exécutoire depuis le
1er janv. 1874, accorde la protection de la marque aux nationaux
comme aux étrangers indistinctement sans condition aucune.

NOM COMMERCIAL

544. Le nom commercial s'entend, soit du nom patronymique d'un commerçant qui en fait comme le pavillon de sa marchandise, soit d'une raison commerciale employée dans le même but (*le Louvre, la Ville-de-Paris*), — soit d'une dénomination appartenant à une réunion d'individus (*les Chartreux, les Trappistes*), — soit d'un pseudonyme, — soit d'un nom imaginaire (*les Gouttes jurassiques, l'Eucalypsinthe*), — soit d'initiales ou de chiffres [1], — soit enfin de noms de localités.

545. Le nom commercial constitue une propriété protégée par la loi des 28 juillet, — 4 août 1824, à la double condition de n'être une appellation ni vulgaire ni nécessaire des marchandises ou produits

---

1. Quant aux chiffres et initiales, les auteurs s'accordent généralement à y voir une marque plutôt qu'un nom commercial. *Voy.*, à cet égard, Pouillet, n° 383 ; Blanc, p. 775.

qu'il sert à désigner (*quinquets, bretelles, carcels*).

En même temps, le nom commercial peut aussi faire l'objet d'une marque de fabrique protégée par la loi de 1857 ; mais alors c'est la figure matérielle, le tracé graphique, avec sa forme ou ses couleurs propres, c'est la disposition, l'assemblage des lettres qui constituent la marque.

546. Le délit d'usurpation du nom commercial consiste :

1° Dans l'apposition de ce nom, apparente ou cachée, adhérente ou non, sur l'objet fabriqué, sans qu'il y ait lieu de distinguer si l'apposition a eu lieu sur la partie principale de l'objet, ou sur ses parties accessoires.

Au surplus, il y a là une question de pur fait abandonné à l'appréciation souveraine des Tribunaux.

2° Dans le fait de rendre apparent le nom commercial par addition, retranchement, ou par une altération quelconque sur les objets fabriqués ;

3° Dans la mise en circulation de produits portant le nom commercial usurpé, dans le but de tromper soit en France, soit à l'étranger, sur l'origine de la fabrication et de leur donner indûment le caractère apparent d'une fabrication française ;

4° Dans la vente ou l'exposition en vente d'objets marqués de noms supposés ou altérés.

Dans ces deux derniers cas, il faut, pour qu'il y ait délit, que le marchand, commissionnaire ou débitant ait agi sciemment.

547. De même qu'en matière de contrefaçon de marques, le fait par un imprimeur ou un graveur d'imprimer des étiquettes contrefaites, ou de graver des cachets en vue d'apposition de noms supposés, constitue le délit par complicité. (Controverse [1].)

548. Dans tout autre cas, l'usurpation du nom commercial constitue, non plus un délit, mais un simple fait de concurrence déloyale.

549. L'action en usurpation de nom appartient :

1° Au Ministère public ;

2° A toute partie lésée, tels que le propriétaire du nom, le consommateur trompé sur la provenance de la marchandise, les fabricants, producteurs ou négociants d'une localité dont le nom est usurpé, à la condition par eux d'exercer les poursuites en leur nom personnel, conformément au droit commun.

550. En ce qui concerne les étrangers, la jurisprudence est à peu près unanime à leur refuser le

____

1. *Sic*, Pouillet, n° 431 ; — *Contra*, Bédarride, n° 721.

droit de poursuivre en France l'usurpation de leur nom commercial [1].

551. Il faut excepter toutefois les cas de récipro-cité résultant de conventions internationales [2].

Par exemple, le commerçant anglais, sans domi-cile ni établissement commercial en France, peut invoquer les dispositions de la loi de 1824. La for-mule de l'art. 12 du traité de 1860 [3] comprend dans sa généralité aussi bien les prévisions de cette loi que celles de la loi de 1857. (Cass. 27 mai 1870, D. **71. 1.** 180 ; — 18 nov. 1876, *Journal de droit intern-priv.*, 76. 459 ; — Seine, 8 mai 1878, *Gaz. Trib.*, n° du 20 juill.)

552. La partie lésée a le choix entre deux juri-dictions : Elle peut assigner l'usurpateur devant les Tribunaux de commerce, si elle ne demande que des réparations civiles, ou le poursuivre devant les Tribunaux correctionnels, si elle requiert en outre l'application des lois pénales.

1. *Sic*, Cass., 14 août 1844, *J. P.* 44. 2. 339 ; — 11 juill. 1848, *J. P.* 48. 2. 36 ; — 12 avril 1854, *J. P.* 55. 2. 137 ; — 6 nov. 1857, *J. P.* 58. 1118 ; — Bordeaux, 20 juin 1853, *J. P.* 55. 2. 137.

2. Blanc, p. 739 ; Calmels, n° 218 ; Pouillet, n° 451 ; Rendu, n° 121 ; Pataille, *Ann.*, 1855, p. 33 ; 1856, p. 328 ; 1859, p. 64. — *Comp.* Demolombe, t. I, n° 246 *bis* ; Serrigny, *Dr. public*, t. I. p. 252.

3. « Les sujets des hautes puissances contractantes jouiront dans les États de l'autre de la même protection que les nationaux pour tout ce qui concerne la *propriété* des marques de commerce. »

553. *Constatation du délit.* — Lorsque la poursuite a lieu, par le Ministère public, d'office ou sur la plainte de la partie lésée, on suit les règles du droit commun. (Art. 47 et 49 C. inst. crim.)

554. Quand la partie lésée prend l'initiative des poursuites, elle peut prouver le délit par tous les moyens, factures, témoins, représentation de marchandises achetées chez le délinquant, procès-verbal de constat pour établir la réalité de l'achat. (V. Formule 9.) Mais dans le silence de la loi de 1824, elle ne saurait recourir à la voie de la saisie.

555. Quant à la procédure, on suit les règles du droit commun devant les deux juridictions.

556. Spécialement, en ce qui concerne les fins de non-recevoir : celle tirée de la bonne foi ne peut être opposée que par les marchands, commissionnaires ou débitants poursuivis pour vente, mise en vente, ou mise en circulation des objets marqués de noms supposés ou altérés ;

Celle tirée de la provocation peut être invoquée par les imprimeurs et graveurs, dans les mêmes conditions et circonstances qu'en matière de marques.

557. *Résultats de la demande.* — *1° Condamnations civiles. Dommages-intérêts.* — La partie lésée pourra obtenir des dommages-intérêts. (Art. 3 Inst. crim.)

558. *Confiscation.* — Elle est dans tous les cas obligatoire, même si le défendeur est renvoyé, mais seulement sous les conditions indiquées à l'article 423 Code pénal, c'est-à-dire si les objets appartiennent encore au prévenu, ou si la valeur en est encore due.

559. Quant à son étendue, c'est une question laissée à l'appréciation des Tribunaux.

560. Elle peut être prononcée au profit du plaignant par assimilation avec les dispositions de la loi de 1857, bien que la loi de 1824 soit muette à cet égard, et que cela ne semble pas résulter des termes de l'article 423 précité. (Controverse [1].)

560 *bis*. Pour la publication du jugement, voy. *supra*, n°[s] 328 et suivants.

561. *Destruction des étiquettes, bandes ou enveloppes portant le nom usurpé.* — Les Tribunaux peuvent ordonner cette destruction, voire même les Tribunaux de commerce. (Controverse [2].)

562. 2° *Condamnations pénales.* — Les peines sont celles de l'emprisonnement et de l'amende.

---

1. *Sic*, Pouillet, n° 448 ; Bédarride, n° 728 ; — *Contra*, Rendu, n° 458.

2. *Sic*, Paris, 6 mai 1851, *Journ. des Trib. de Comm.*, t. 1. 301 ; — Seine 27 déc. 1860, *Id.*, t. 10. 101 ; — *Contra*, Seine, 23 juin 1852, *Id.*, t. 1. 273. — *Comp.* Seine, 23 juill. 1859, *Id.*, t. 6. 478.

L'emprisonnement est de trois mois au moins, un mois au plus.

L'amende ne peut excéder le quart des restitutions et dommages-intérêts, ni être au-dessous de cinquante francs.

Le tout, sous réserve de l'application de l'article 463. C. pén.

CONCURRENCE DÉLOYALE

563. Nous n'avons pas à indiquer ici les caractères et les formes qu'affecte la concurrence déloyale. Ses aspects divers, les traits qui la déterminent ne pouvaient être fixés dans aucun texte législatif ; c'est affaire de jurisprudence. Celui qui intente une action en concurrence déloyale ne s'appuie donc pas sur une loi spéciale comme le propriétaire d'un brevet, d'une marque de fabrique, d'un nom commercial ; il puise uniquement son droit dans le principe général de l'article 1382 du Code civil : « Tout fait « quelconque de l'homme qui cause à autrui un « dommage, oblige celui par la faute duquel il est « arrivé à le réparer. »

564. On voit par là que nous n'avons pas en ce qui touche la concurrence déloyale à tracer les règles d'une procédure spéciale ; nous rappellerons seulement quelques principes de droit commun qui se trouvent ici en jeu, en indiquant sommairement les applications que la jurisprudence a dû en faire à cette matière.

565. *Faits qui constituent la concurrence déloyale*. — Il est impossible d'établir leur énumération complète, mais nous devons du moins faire connaître ceux qui dans la pratique se présentent le plus fréquemment.

566. Il y a concurrence déloyale, par exemple, dans le fait d'apposer sur des factures, sur des circulaires, ou sur des annonces, les dénominations ou les raisons commerciales qui appartiennent à autrui, de manière à faire naître une confusion dans l'esprit du public.

De même, au cas où l'on chercherait à produire une confusion de ce genre par les propos qu'on ferait tenir par des agents ou représentants.

567. Toutefois, en ce qui concerne les dénominations de pure fantaisie, bien qu'elles deviennent la propriété de celui qui les a adoptées le premier, on peut, sans concurrence déloyale, reproduire une dénomination employée précédemment par un autre commerçant, si, par sa nature même, elle est générique et s'emploie nécessairement pour désigner un objet du domaine public.

568. Il y a encore concurrence déloyale quand on fait naître l'erreur dans l'esprit du client, en reproduisant les caractères, l'aspect extérieur de la marchandise vendue par un autre, en copiant ses boîtes, ses flacons, ses enveloppes, la forme intentionnellement donnée par lui à ses produits.

568 *bis*. De même dans le cas d'usurpation ou de similitude des enseignes, devantures de boutiques, titres d'ouvrages, etc.,

— Dans le cas d'usurpation de fausses qualités ou de faux titres.

Dans le cas de violation d'engagements, particulièrement en ce qui concerne l'interdiction de s'établir, etc., etc.

569. Toute partie lésée peut agir en concurrence déloyale.

Mais il faut, en principe, refuser ce droit à l'étranger, à moins qu'il ne puisse invoquer le bénéfice de la loi[1].

570. *Compétence*. — On admet universellement, d'après les termes de l'article 632 du Code de commerce et l'expression « engagements » qui s'y ren-

---

1. *Sic*, Paris, 5 juin 1867, *Ann.*, 67. 298 ; — Cass., 16 novembre 1857, *Ann.*, 57. 361 ;— Huard, *Journ. de la prop. indust.*, n° 146 ; — *Contra*, Pataille, 1857, p. 362 ;— Paris, 22 mars 1855, *Ann.*, 55. 40.

contre, que la compétence en matière de concurrence déloyale appartient aux Tribunaux de commerce.

571. Cette règle posée, nous pensons que tous les faits de concurrence déloyale doivent être, en principe, déférés aux Tribunaux consulaires, encore que, pris en eux-mêmes, ils relèvent d'une autre juridiction. Ainsi, la contrefaçon de marques de fabrique est de la compétence des Tribunaux civils ; mais lorsque, à côté des faits de contrefaçon proprement dite, il existe des faits de concurrence déloyale, les Tribunaux de commerce peuvent connaître à la fois de ces faits de concurrence et des faits de contrefaçon, qu'ils apprécient alors, non pas au point de vue de la contrefaçon, mais comme un élément de la concurrence déloyale.

572. Réciproquement, les Tribunaux civils seraient compétents pour juger une question de concurrence déloyale accessoire à une action principale en contrefaçon de marques.

573. Mais les Tribunaux de commerce sont incompétents :

1° Si les parties en présence dans l'instance en concurrence déloyale ne sont pas toutes deux commerçantes ;

2° Si la concurrence déloyale comprend, comme

élément, des imputations diffamatoires. En pareil cas, c'est la juridiction correctionnelle qui est compétente.

574. Enfin les Tribunaux de commerce cesseraient encore d'être compétents dans le cas où, le demandeur ayant échoué dans l'instance, le défendeur réclamerait reconventionnellement des dommages-intérêts pour le préjudice que lui aurait causé une saisie faite par l'adversaire en vue d'établir une contrefaçon de marque. C'est devant le Tribunal civil qu'une semblable demande devrait être portée.

PROCÉDURE.

575. *Preuve de la concurrence déloyale.* — En matière de contrefaçon, le législateur a armé le plaignant d'un moyen de preuve très puissant : la saisie. Mais cette mesure ne peut être étendue au delà des cas de contrefaçon pour lesquels elle a été prescrite ; elle ne saurait être employée en matière de concurrence déloyale.

La preuve devra donc résulter de la production de factures, prospectus, etc...., de la comparaison des marchandises mêmes. Il sera aussi très souvent utile de faire dresser par huissier des procès-verbaux de constat.(V. formule 9).

576. Pour le reste, on suit les règles du droit commun. Nous ferons seulement remarquer que la bonne foi ne saurait être invoquée comme fin de non-recevoir à l'action. Il suffit que le fait soit illicite et dommageable pour motiver la condamnation.

577. Quant au résultat de la demande, elle peut aboutir, au profit du demandeur, à des dommages-intérêts, à la confiscation et à la publication du jugement, comme en matière de contrefaçon.

En outre, le Tribunal, en adjugeant au demandeur le bénéfice de ses conclusions, est maître d'ordonner les mesures nécessaires pour empêcher le retour des faits de concurrence déloyale ; il peut d'ores et déjà fixer le chiffre des dommages-intérêts que le défendeur devra payer à son adversaire par chaque jour de retard dans l'exécution de la sentence.

CONTREFAÇON LITTÉRAIRE

---

578. Il faut distinguer, au point de vue de la contrefaçon, entre les œuvres littéraires proprement dites et les œuvres dramatiques et musicales.

§ 1er. — Contrefaçon littéraire.

ART. 1er. — ŒUVRES LITTÉRAIRES PROPREMENT DITES.

579. Toute œuvre littéraire qui constitue une composition propre, une invention nouvelle, confère à son auteur un droit exclusif de propriété.

580. Sont considérées comme œuvres littéraires, susceptibles de propriété privée :

1° Les ouvrages nouveaux que l'auteur a tirés de son propre fonds, du travail de son esprit, et qui lui appartiennent par le style et l'ordre des pensées, alors même qu'il aurait emprunté son sujet à un

12.

autre ouvrage, tel que, par exemple, le sujet d'un drame emprunté à un roman. (Paris, 26 mai 1854.)

581. — 2° Les compilations de documents appartenant au domaine public, mais disposés méthodiquement, et dont l'arrangement a exigé, de la part de l'auteur, du discernement, du goût, un certain travail d'esprit, l'emploi de connaissances spéciales. (Cass., 27 nov. 1869, S. 1870. I. 928.)

582. — 3° Les catalogues de musée, lorsqu'ils renferment des recherches importantes, des appréciations personnelles sur les œuvres exposées, des détails biographiques et historiques sur leurs auteurs. (Bordeaux, 24 août 1863.)

583. — 4° Les livres liturgiques, bien que le fond en soit emprunté à des publications antérieures, lorsque les éléments empruntés ont été choisis avec discernement et disposés dans un ordre nouveau. (Seine, 5 août 1874.)

584. — 5° Les dictionnaires, lorsqu'ils contiennent sur chaque mot des développements spéciaux.

585. — 6° Les abrégés d'ouvrages, pourvu qu'ils contiennent des idées nouvelles et de nombreuses observations, propres à l'abréviateur. (Seine, 4 janv. 1826.)

586. — 7° Les livres pédagogiques, mais seulement au point de vue de la forme littéraire donnée à l'ouvrage ; car l'idée appartient à tout le monde, et la méthode exposée peut être suivie par le public.

587. — 8° Les traductions d'ouvrages tombés dans le domaine public. (Cass., 25 juillet 1824).

Mais il en serait autrement des traductions d'ouvrages dont les droits d'auteur ne seraient pas encore expirés.

588. — 9° Les articles de journaux littéraires ou politiques, et les correspondances étrangères, mais non les dépêches télégraphiques, ni les bulletins de prix-courants livrés par les courtiers à la publicité par la voie de la presse.

589. — 10° Les discours, les plaidoyers d'avocats, les sermons, les cours faits par les professeurs, — sauf, en ce qui concerne les discours prononcés aux chambres législatives et les plaidoyers des avocats, le droit qu'a la presse de les reproduire pour les comptes rendus parlementaires et judiciaires.

590. — 11° Les lettres missives, quel que soit leur caractère d'intimité ; car elles ne deviennent pas la propriété de celui qui les a reçues. (Paris, 11 juin 1875, *Ann.* 75. 332 ; — Dijon, 18 fév. 1870, S. 70. 2. 212.)

591. — 12° Les titres des livres et journaux, lorsque, par leur spécialité, ils ne peuvent s'appliquer qu'aux ouvrages pour lesquels ils ont été adoptés. (Seine, 20 déc. 1871, *Ann.*, 73. 159 ; — Poitiers, 18 déc. 1873.)

592. Toutefois, en ce qui touche les titres de journaux, il est de règle que tout propriétaire de journal qui est resté pendant un an sans publier un seul numéro, doit être considéré comme ayant renoncé à son droit de propriété. (Seine, 1er sept. 1874.)

593. — 13° Les manuscrits d'ouvrages non publiés par l'auteur avant son décès, et dont un tiers a la possession légitime. (Décret du 1er germinal an XIII.)

Mais une simple copie d'un manuscrit ne saurait conférer au détenteur un droit de propriété. (Seine, 10 déc. 1862.)

594. En principe, le droit de propriété devrait être considéré comme abandonné par le possesseur d'un manuscrit, qui le réunirait à d'autres ouvrages de l'auteur décédé, déjà tombés dans le domaine public, pour en faire une publication posthume.

Il n'en serait autrement que s'il s'agissait d'une œuvre jusque-là publiée par fragments, et qu'il fût, par suite, utile de ne pas mutiler l'œuvre posthume par le retranchement des fragments antérieurement publiés. (Cass., 31 mars 1858, S. 58. 1. 513.)

595. Enfin les manuscrits existant aux archives

ou dans les bibliothèques sont la propriété de l'État et ne peuvent être publiés sans autorisation ministérielle. (Décret du 20 fév. 1809.)

596. Les faits constitutifs de la contrefaçon littéraire sont : la contrefaçon, le débit, l'introduction en France, l'exportation et l'expédition des ouvrages contrefaits.

Pour qu'il y ait délit, dans tous les cas, il faut que l'intention de nuire existe. Sans doute, le fait matériel de contrefaçon établit contre son auteur une présomption de mauvaise foi ; mais il est toujours admis à faire la preuve contraire. (Paris, 20 mars 1872, *Ann.*, 73. 265.)

597. Exceptionnellement, en ce qui concerne les livres liturgiques, la contrefaçon existe par le seul fait de les publier sans autorisation de l'évêque du diocèse, alors même qu'il s'agirait d'une édition nouvelle d'une œuvre précédemment autorisée par lui. De plus, l'autorisation donnée est personnelle à chaque éditeur et doit être textuellement rapportée et imprimée en tête de chaque exemplaire. (Décret du 7 germinal an XIII.)

598. Quant à la contrefaçon en elle-même, il n'est pas nécessaire qu'elle soit totale et porte sur toutes les parties de l'ouvrage. Elle peut n'être que partielle.

C'est ainsi qu'il y a contrefaçon dans le fait d'emprunter à un ouvrage des passages nombreux et importants, formant une portion essentielle soit de l'ouvrage original, soit de l'ouvrage contrefait. (Cass., 24 mai 1855, S. 55. 1. 392.)

A plus forte raison, le délit existerait-il, si l'on s'était approprié le sujet d'un roman, quoiqu'on ait changé les noms des personnages et modifié les termes du récit. (Paris, 20 fév. 1872, *Ann.*, 71-72. 193.)

599. Spécialement, le délit d'introduction en France n'est réputé consommé que lorsque les ouvrages contrefaits ont pénétré, du fait de ceux auxquels ils étaient adressés, sur le territoire français. Leur seule saisie en douane ne suffit pas pour constituer l'introduction, conformément à ce qui a été jugé en matière de contrefaçon industrielle (Voy. *supra* n° 17), et contrairement à ce qui a lieu pour les marques de fabrique, d'après la loi du 13 juin 1857.

599 *bis*. Quant à l'exportation et à l'expédition des ouvrages contrefaits, ce sont des délits de même espèce que l'introduction sur le territoire français d'ouvrages qui, après avoir été imprimés en France, ont été contrefaits à l'étranger. (Art. 2 du décret du 28 mars 1852.)

600. Ces principes posés, peuvent poursuivre la contrefaçon :

1° Le Ministère public, *d'office* ou sur la plainte de la partie lésée. A plus forte raison, pourrait-il continuer les poursuites, lorsque le plaignant s'est désisté.

2° L'auteur, français ou étranger (décret du 28 mars 1852 [1]), auquel le décret du 1er germinal an XIII a assimilé le propriétaire de manuscrits à titre légitime.

3° Le conjoint survivant.

4° Leurs héritiers ou légataires universels.

5° Les cessionnaires, quels qu'ils soient (particuliers, État, villes, etc.), à titre gratuit ou onéreux, qu'ils tiennent leurs droits de l'auteur lui-même, de sa veuve ou de leurs héritiers, — sans qu'ils soient obligés de justifier par écrit de la cession à eux faite.

6° L'État et les villes, à l'égard des œuvres composées et publiées par leur ordre et à leurs frais, au

---

1. Ce décret s'applique aux ouvrages publiés à l'étranger, sans qu'il y ait à rechercher la nationalité de leurs auteurs ou la date de leur publication.

A l'égard des étrangers, ce décret a eu pour but essentiel de leur donner le droit de poursuivre en France la contrefaçon de leurs œuvres, mais il ne leur donne pas droit à une protection plus étendue que celle que leur offre la loi de leur pays, soit quant à la durée, soit quant au principe même de ce droit. (*Voy. Journ. de droit intern. privé,* année 1878, p. 137.)

moyen de leurs agents, telle que la carte de l'État-Major, par exemple, à moins qu'il ne s'agisse de publications faites dans un intérêt purement administratif, tel que la publication des lois, décrets et règlements.

601. Il n'y a de différence entre ces quatre catégories de personnes qu'au point de vue de la durée de leurs droits.

602. Le droit de l'auteur et celui du propriétaire de manuscrits dure pendant toute leur vie, conformément au droit commun en matière de propriété.

Il en est de même du droit du conjoint survivant.

603. Le droit des héritiers et légataires universels dure cinquante ans à partir du décès de l'auteur, et comme, d'après la loi, le conjoint survivant est préféré aux héritiers, ce délai court pendant le droit de survie accordé au conjoint.

604. La durée du droit des cessionnaires est réglée par la législation en vigueur au moment de la cession ; les prolongations de durée accordées par les lois subséquentes profitent aux héritiers de l'auteur. (Cass., 29 nov. 1877, *Ann.*, 77. 370.)

605. Il en est ainsi, du moins, lorsque la cession a été consentie par l'auteur lui-même ; mais si elle était le fait de ses héritiers, la prolongation de durée pourrait, selon les cas, profiter au cessionnaire.

C'est ce qui arriverait, par exemple, dans le cas où l'héritier aurait cédé toute la succession, parce qu'alors il aurait cédé tous ses droits héréditaires avec tous les accroissements qu'ils comportent.

C'est ce qui pourrait se produire encore en cas de vente aux enchères, si le cahier des charges était conçu, comme cela a lieu ordinairement, en termes généraux de nature à être, en fait, interprétés au profit des cessionnaires.

606. Enfin, le droit de l'État et des villes est un droit perpétuel.

607. Les procès en contrefaçon littéraire sont de la juridiction exclusive des Tribunaux correctionnels, et l'on doit suivre, pour la détermination de la compétence, les règles du droit commun (art. 63 du Code d'instruction crim.).

608. La poursuite en contrefaçon est subordonnée à la formalité du dépôt préalable, effectué soit par l'auteur, soit par l'imprimeur, de deux exemplaires de l'ouvrage, et de trois, s'il contient des estampes, à Paris, au Ministère de l'intérieur, et à la Préfecture, dans les départements. (Loi du 17 juill. 1793, art. 6 ; — Décret du 3 fév. 1810, art. 18 ; — Ordonnances des 24 oct. 1814, art. 4 et 8, et 9 janv. 1828, art. 1ᵉʳ.)

609. Ce dépôt doit être préalable à la contrefaçon,

à peine de déchéance du droit de poursuite. Il ne suffirait pas de l'opérer seulement avant la plainte.

610. La nécessité du dépôt est, d'ailleurs, générale et s'applique à toutes sortes d'ouvrages, même aux feuilletons publiés dans les journaux, quoique chaque numéro du journal soit chaque jour déposé au parquet du procureur de la République.

611. Lorsqu'il s'agit d'ouvrages étrangers, la poursuite en contrefaçon est subordonnée à la formalité de l'enregistrement au Ministère de l'intérieur, qui tient lieu de dépôt. (Cass., 7 avr. 1869, *Ann.*, 70. 315.)

612. Au surplus, le dépôt peut être prouvé par toutes voies de droit, à défaut de représentation du récépissé. (Cass., 6 nov. 1872, *Ann.*, 73. 43.)

613. Quant à la procédure, c'est encore le droit commun qui s'applique, sous réserve des seules particularités suivantes :

614. — *1° Saisie.* — Remarquons, tout d'abord, que la saisie n'est pas nécessaire pour établir le délit de contrefaçon. Il peut être prouvé par tout autre mode de preuve.

615. Mais la partie lésée peut la requérir dans tous les cas.

Elle doit, à cet effet, s'adresser soit aux commissaires de police du lieu où la saisie doit être pratiquée, soit, à leur défaut, au juge de paix du canton. (Loi du 13 juin 1795, art. 1er.)

616. Toute saisie pratiquée par d'autres que ces fonctionnaires serait nulle et de nul effet. Tel serait le cas, par exemple, d'une saisie faite par un garde champêtre ou un brigadier de gendarmerie. (Cass. 4 déc. 1875, *Ann.*, 77. 8.)

617. D'ailleurs, le juge de paix n'est compétent pour procéder à la saisie que dans les lieux où il n'existe pas de commissaire de police.

618. Pour les ouvrages venant de l'étranger, la saisie doit être opérée par les préposés à la douane. (Décret du 5 fév. 1810.)

619. Mais dans les limites de leur compétence respective, commissaires de police et juges de paix sont tenus d'obéir aux réquisitions de la partie lésée.

620. En cas d'empêchement ou de refus du commissaire de police, la partie ne pourrait s'adresser au juge de paix, qui non-seulement ne serait pas compétent, mais qui aurait même le droit, la loi à la main, de refuser d'obtempérer à sa réquisition. Elle devrait d'abord en référer au parquet, et, si sa démarche n'aboutissait pas, elle pourrait présenter requête, par l'intermédiaire d'un avoué, au président du Tribunal civil, afin d'obtenir une ordonnance autorisant la saisie par huissier. Enfin, en cas d'urgence et pour éviter toute perte de temps, la partie pourrait également recourir à un procès-verbal de constat pur et simple. Mais alors, les pouvoirs de l'huissier se bornent à décrire ce qu'il voit du dehors, et, par suite, il peut s'élever plus tard des doutes sur l'identité des objets décrits, doutes qui profiteront au prévenu et pourront entraîner son relaxe. (Angers, 23 nov. 1874, *Ann.*, 74. 120.)

Pour échapper à cet inconvénient, il faudrait acheter ou faire acheter par un tiers, en présence de l'huissier, l'œuvre arguée de contrefaçon, afin que celui-ci puisse la joindre à son procès-verbal de constat et certifier ainsi l'identité de l'objet.

621. Tout requérant doit justifier de son identité, de sa qualité et de son droit, et il appartient au fonctionnaire auquel il s'adresse d'examiner si les justifications sont suffisantes. C'est là une question toute de fait et d'appréciation.

Remarquons toutefois :

622. — 1° Qu'en ce qui concerne les cessionnaires, la loi n'exige pas la production d'un acte authentique, ni même d'un acte ayant date certaine. (Seine, 25 Janv. 1868, *Ann.*, 1868. 61.) Le requérant peut dès lors prouver sa qualité par tous documents, telle qu'une simple lettre, même non datée, et signée seulement des initiales du cédant. (Paris, 9 Août 1871, *Ann.*, 73. 93.)

623. — 2° Qu'en principe, les commissaires de police et juges de paix sont tenus d'exiger comme preuve officielle du dépôt, dont la loi de 1793 a fait la condition indispensable de toute action, la production de l'original ou du duplicata du récépissé de ce dépôt délivré par le Ministère de l'intérieur ; mais que toutefois, en ce qui concerne les dépôts anciens dont les registres ont été perdus ou incendiés, les fonctionnaires peuvent et doivent même se contenter de toute autre pièce établissant le dépôt, tels que la mention de l'ouvrage inséré au journal de la librairie, ou un procès-verbal de constat dressé par un commissaire de police et attestant l'existence à la Bibliothèque nationale de l'ouvrage revendiqué, comme y ayant été déposé lors de sa publication. (Paris 23 déc. 1871, *Ann.*, 71-72. 142.)

624. Au surplus, le fonctionnaire requis de saisir doit toujours, pour mettre sa responsabilité à couvert, rédiger sur papier timbré un procès-verbal de comparution de la partie requérante, dans lequel il relate la plainte et la réquisition, et qu'il fait signer par le requérant.

625. Quant à la manière dont la saisie doit être

faite et à l'étendue qui doit lui être donnée, c'est une question laissée à l'appréciation discrétionnaire du fonctionnaire chargé de la pratiquer. Il peut, suivant les cas, opérer une saisie réelle de tous les exemplaires argués de contrefaçon, ou se borner à une saisie purement descriptive, avec saisie réelle d'un ou de plusieurs exemplaires seulement, à titre d'échantillons. L'essentiel, — et c'est là le criterium auquel il doit s'attacher, — c'est que la saisie mette les juges à même de statuer en connaissance de cause. C'est encore lui qui décide s'il est nécessaire de déposer au Parquet tout ou partie des exemplaires saisis, ou s'il peut sans inconvénient les laisser à la garde de la partie saisie, à la charge par elle de les représenter à première réquisition.

Au surplus, il n'a jamais à se préoccuper soit du peu de valeur de l'œuvre saisie, soit de sa destination. Toute la responsabilité de la saisie incombe au saisissant.

626. Mais, dans tous les cas, le fonctionnaire qui procède à la saisie doit :

1° Pour empêcher toute altération ou substitution, soit mettre un ou plusieurs exemplaires sous plis scellés ou cachetés, soit tout au moins y fixer une étiquette indicative, et marquée également de son sceau ;

2° Interpeller la partie saisie sur l'origine et la provenance des ouvrages argués de contrefaçon, consigner les réponses faites dans son procès-verbal, et, au besoin, procéder immédiatement à toutes les recherches et constatations qui pourraient confirmer ou infirmer les déclarations du saisi. (Voir Formule n° 10.)

627. Toutefois, dans le cas où la partie saisie serait absente, ou se réserverait de fournir une justification quelconque sur la provenance ou l'origine de l'ouvrage, telle qu'une facture ou autre pièce, rien ne s'opposerait à ce que le commissaire de police ou le juge de paix admît cette partie à venir, le jour même ou le lendemain, compléter ses déclarations et justifications, sauf à communiquer ensuite le tout au saisissant, qui pourrait au besoin faire immédiatement consigner ses observations. C'est même là un usage communément suivi à Paris.

628. La saisie opérée, le fonctionnaire peut remettre au saisissant l'original de son procès-verbal de saisie.

Il peut également l'adresser directement au Parquet et n'en remettre au saisissant qu'une expédition. Telle est même la pratique suivie à Paris. Cela est surtout utile et même nécessaire, lorsque les ouvrages saisis restent à la garde de la partie saisie. Dans tous les cas, et principalement en cas de remise de l'original au saisissant, il paraît logique et équitable d'en délivrer préalablement ou d'en laisser prendre copie aux parties intéressées.

629. Les frais de la saisie (papier timbré, frais de déplacement et émoluments du fonctionnaire, transport des objets saisis), doivent être avancés par le requérant, qui peut seulement en exiger quittance, afin d'exercer plus tard son recours contre la partie saisie et de les faire admettre en taxe.

630. — 2° *Assignation.* — En cas de saisie pratiquée à la requête de la partie lésée, la loi ne fixe aucun délai pour l'assignation, à peine de nullité de cette saisie. Le saisissant conserve donc le droit d'agir pendant trois ans, passé lequel temps, l'action est éteinte par prescription, à moins que dans l'intervalle il ne soit survenu de nouveaux faits de contrefaçon.

631. A défaut par le saisissant d'intenter son action, la partie saisie peut l'assigner en main-levée avec dommages-intérêts, — sans que cette demande puisse en rien entraver l'exercice de la part du saisissant de l'action en contrefaçon, si elle est encore possible.

632. — 3° *Prescription.* — La publication, le débit, l'introduction en France constituant autant de délits distincts, la prescription court séparément à l'égard de chacun d'eux. En cas de publication, elle court à partir du dépôt de l'ouvrage ; car l'ouvrage déposé est censé publié.

633. En cas de vente, d'introduction, d'exportation ou d'expédition, elle ne commence à courir que du dernier acte de vente ou d'introduction.

634. — *4° Résultats de la demande.* — Les réparations civiles que le jugement peut accorder au plaignant sont les mêmes qu'en matière de contrefaçon industrielle. (Dommages-intérêts, — confiscation des exemplaires saisis, — publicité du jugement, etc.)

La peine est celle de l'amende, qui varie suivant les cas : 100 francs à 2000 francs contre les contrefacteurs et introducteurs ; — 25 francs à 500 francs contre le débitant.

ART. 2. — ŒUVRES DRAMATIQUES ET MUSICALES.

635. Sont considérées comme œuvres dramatiques et musicales susceptibles de propriété privée :

636. — 1° D'une manière générale, les compositions dramatiques et musicales issues de l'inspiration et du travail personnel de leur auteur.

637. — 2° Spécialement, les drames, alors même que le sujet en serait emprunté à d'autres ouvrages

13.

tels qu'un roman, pourvu que, dans ce cas, l'auteur se soit borné à s'approprier l'intrigue, sans reproduire identiquement les personnages, les situations et les épisodes de l'œuvre originale. (Paris 20 fév. 1872, *Ann.*, 71-72. 193.)

638. — 3° Les livrets d'opéra, alors même que l'intrigue générale en serait empruntée à une comédie tombée dans le domaine public. (Paris, 27 juin 1866, *Ann.*, 66. 299.)

639. — 4° Les chansons, quand bien même l'auteur n'aurait fait que reproduire des consonnances de rimes, ou qu'imiter le rhythme d'une autre production du même genre, surtout s'il a pris soin d'indiquer que sa chanson n'était qu'une réponse à la première. (Seine, 23 fév. 1872, *Ann.*, 73. 162.)

640. — 5° Les exercices de musique, combinés par un professeur pour préparer les élèves et faciliter leurs études. (Cass., 11 juill. 1862, *Ann.*, 62. 272.)

641. — 6° Les pantomimes et ballets, encore bien que ces derniers soient composés de diverses danses nationales, lorsque leur arrangement témoigne d'un travail particulier qui en fait une composition distincte. (Seine, 11 juill. 1862, *Ann.*, 63. 234.)

642. — 7° Les manuscrits de compositions dramatiques ou musicales, assimilés par le décret du 8 juin 1806 (art. 12) aux manuscrits d'œuvres littéraires, et régis dès lors par le même décret du 1er germinal an XIII.

643. — 8° Les traductions.

644. La contrefaçon dramatique et musicale peut se produire de deux manières :

1° Par la publication (édition, débit, introduction en France) d'ouvrages contrefaits, comme la contrefaçon littéraire proprement dite ;

2° Par la représentation de l'œuvre elle-même, non autorisée par son auteur.

645. En ce qui concerne la contrefaçon par voie de publication, les règles sont les mêmes qu'en matière de contrefaçon littéraire.

646. Le délit existe dans les mêmes conditions.

Ainsi, la contrefaçon pourrait n'être que partielle, et par exemple, il y aurait délit dans le fait de donner à une chanson un titre adopté pour une œuvre dramatique, surtout si le titre et les indications qui y sont jointes étaient arrangés de façon à faire croire que la chanson fait partie de l'œuvre dramatique. (Seine, 14 fév. 1873, *Ann.*, 73. 168.)

A plus forte raison y aurait-il contrefaçon dans le fait d'appliquer des compositions musicales, romances, chansonnettes, mélodies, à des couplets de vaudeville et autres pièces de théâtre. (Paris, 11 avr. 1853, S. 53. 2. 237.)

De même, dans le fait d'intercaler une romance sur laquelle existent encore des droits d'auteur, dans une brochure contenant d'autres romances tombées dans le domaine public. (Mortagne, 4 juin 1873, *Ann.*, 73. 197.)

647. Le droit de poursuite appartient aux mêmes personnes que celles indiquées au n° 600.

La poursuite est subordonnée à la formalité du même dépôt, bien qu'aucune loi ne l'exige expressément pour les compositions musicales *sans texte*.

648. Il n'y a de différence que pour la durée du droit de poursuite, qui peut, dans certains cas, se trouver augmentée.

Ainsi, une œuvre à la fois dramatique et musicale telle qu'un opéra, une romance, formant une propriété indivisible, ne tombe dans le domaine public que lorsque les héritiers de tous les auteurs de cette œuvre n'ont plus aucun droit : l'existence du droit des uns conserve celui des autres. (Paris, 27 juin 1866, *Ann.*, 66. 299.)

649. Quant à la représentation, elle constitue la contrefaçon par cela seul qu'elle a eu lieu sans l'autorisation *écrite* de l'auteur ou des auteurs de l'ouvrage. Il en est ainsi dans quelque condition que la représentation se produise, du moment qu'elle est publique.

650. Telles sont notamment, en dehors des lieux spécialement affectés aux exécutions théâtrales, les représentations données dans des concerts publics. (Paris 16 fév. 1836.)

651. — Ou bien encore dans des établissements d'eaux thermales. (Cass., 19 mai 1859, *Ann.*, 60. 23.)

652. Ou dans des concerts donnés par une société chorale ou philarmonique, du moment que ces concerts sont ouverts au public, et qu'on paie pour y pénétrer une cotisation, même annuelle. (Seine, 23 mars 1872, *Ann.*, 71-72. 345.)

653. Ou dans un café, alors du moins que le programme en était connu d'avance par le propriétaire de l'établissement. (Cass., 22 janv. 1869, *Ann.*, 69. 408.)

Mais il en serait autrement, s'il s'agissait seulement de l'exécution de morceaux ou chansonnettes par des musiciens ambulants. (Cass., 17 janv. 1863, *Ann.*, 63. 219.)

654. Ou dans un jardin public, lorsqu'il s'agit de concerts organisés à l'avance dans un but mercantile, par exemple, pour bénéficier de la location des chaises. (Paris, 12 janv. 1877, *Ann.*, 77. 144.)

655. L'autorisation est nécessaire, alors même qu'il

s'agirait de l'exécution en public de romances ou de chansonnettes. (Lyon, 7 janv. 1852.)

Ou seulement d'une exécution de fragments d'une œuvre musicale, arrangés pour la circonstance. (Paris, 12 juill. 1865.)

Ou même de la représentation d'un opéra français dont les paroles ont été traduites en langue étrangère. (Cass. 15 janv. 1857.)

656. Mais il n'y aurait plus de délit s'il s'agissait seulement d'une exécution par des instruments mécaniques, orgues de barbarie ou autres. (Loi du 16 mai 1866.)

657. Ou de la représentation d'un ouvrage étranger traduit en français, — à moins qu'il n'existe une convention internationale qui donne à l'auteur de cet ouvrage les mêmes droits qu'à l'auteur français. (Cass., 14 déc. 1857, *Ann.*, 58. 100.)

658. Du reste, l'action appartient aux mêmes personnes qu'en matière de contrefaçon littéraire proprement dite, avec cette différence que la poursuite en contrefaçon pour représentation n'est subordonnée dans aucun cas au dépôt préalable. (Rouen, 12 nov. 1875, *Ann.*, 77. 211.)

659. *Procédure.* — Mêmes règles que pour la contrefaçon littéraire proprement dite.

Remarquons seulement :

1° Que la poursuite de l'auteur ne peut être arrêtée par des offres réelles, même suffisantes. La condamnation qui intervient doit même faire abstraction complète de ces offres, qui ne sont point valables. (Cass., 9 août 1872, *Ann.*, 73. 170.)

2° Que la prescription de l'action en contrefaçon pour publication n'empêche pas les ayants-droit de poursuivre pour représentation non autorisée. Ce sont là deux modes de contrefaçon différents, auxquels s'appliquent nécessairement deux prescriptions distinctes.

660. Enfin, quant aux résultats de la poursuite, la contrefaçon par voie de publication est punie des mêmes peines que la contrefaçon littéraire proprement dite. (Voy. *supra* n° 634.)

661. En cas de représentation, les contrefacteurs sont punis d'une amende de 50 fr. au moins et de 500 fr. au plus, et, en outre, de la confiscation des recettes au profit des ayants-droit.

§ II. — Contrefaçon artistique.

662. La question de savoir ce qui constitue une œuvre d'art est abandonnée à l'appréciation souveraine des juges du fait, sans contrôle possible de la

Cour de cassation. (Cass., 16 mai 1862, *Ann.*, 62. 417.)

663. La nature spéciale des œuvres d'art, le caractère particulier que les artistes peuvent donner à leur œuvre, laisse un vaste champ ouvert aux œuvres originales, en leur permettant de reproduire des sujets traités par d'autres, d'utiliser des idées déjà exploitées, tout en faisant une création nouvelle.

C'est ainsi, qu'indépendamment des œuvres d'art véritablement originales, on considère comme susceptibles de propriété privée :

664. — 1° Les dessins photographiques, lorsqu'ils révèlent un produit de la pensée, du goût, de l'esprit de l'opérateur. (Paris, 29 nov. 1869, *Ann.*, 70. 39 [1].)

665. — 2° Les dessins des bâtiments dressés par les architectes. (Paris, 5 juin 1855, *Ann.*, 55. 56 [2].)

666. — 3° Un type de convention, tel qu'une statue religieuse, à la condition que les détails d'exécution lui donneront un caractère d'originalité. (Nantes, 30 juil. 1874, *Ann.*, 75. 117.)

667. — 4° Une copie par surmoulage d'une gravure tombée dans le domaine public, à la condition que certains détails en fassent une œuvre particu-

1. Voy. Huard, *Journ. de la propr. indust.*, n° 230.
2. Consult. à cet égard, Huard, *Journ. de la propr. indust.*, n° 178.

lière et personnelle. (Paris, 29 nov. 1873, *Ann.*, 74. 53.)

668. — 5° La reproduction par l'artiste de types composant une œuvre tombée dans le domaine public ou même son œuvre propre, à la condition de modifier les attitudes ou le groupement des personnages, afin de faire de l'ensemble une composition différente. (Seine, 17 août 1877, *Ann.*, 77. 272.)

669. La contrefaçon artistique consiste dans la reproduction soit par le même procédé, soit par des procédés différents d'une œuvre formant l'objet d'un droit privatif de propriété.

670. En ce qui concerne la reproduction par les mêmes procédés, la contrefaçon n'existe qu'autant qu'il y a confusion possible entre les deux œuvres. (Paris, 29 juil. 1870.)

671. Au contraire, en ce qui concerne la reproduction par des procédés différents, le délit existe toujours du moment qu'il y a reproduction de l'œuvre, soit par la sculpture, soit par le dessin, soit par la photographie[1], soit par la peinture sur porcelaine, soit par la broderie à l'aiguille, soit par

---

1. Toutefois, un arrêté ministériel du 1er juin 1877 a permis de reproduire par la photographie les œuvres d'art faisant partie des collections de l'État, à la double condition : 1° d'obtenir une autorisation spéciale ; 2° de laisser les clichés en propriété à l'État.

des reliefs sur un objet céramique, alors même que la reproduction ne porterait que sur le dessin du tableau sans les couleurs, ou que l'on aurait cherché à dissimuler la ressemblance par l'omission de certaines parties accessoires de l'œuvre primitive. (Seine, 15 juil. 1875, *Ann.*, 75. 247 ; *id.*, 11 déc. 1877.)

672. Dans les deux cas, il faut, pour l'existence du délit, que la reproduction ait été faite dans l'intention de vendre.

673. Ajoutons que, comme en matière de propriété littéraire, le délit ne peut être considéré comme consommé, si la saisie des objets a eu lieu en douane ou aux bureaux du Ministère de l'Intérieur, avant toute livraison. (Seine, 18 mars 1876, *Ann.*, 77. 265.)

674. *Droit de poursuite.* — Le droit d'action appartient aux mêmes personnes qu'en matière de propriété littéraire.

Spécialement, si l'on admet que l'acquéreur d'une œuvre d'art a seul le droit de reproduction, par suite d'une vente sans réserve de la part de l'artiste, il peut poursuivre la contrefaçon. Mais s'il s'abstient, l'auteur peut, de son côté et pour son compte personnel, intenter les poursuites. (Cass., 12 juin S. 1868, 68. 1. 372.)

675. Le droit d'action est subordonné à la formalité du dépôt préalable de deux épreuves à la Bibliothèque nationale et d'une épreuve au Ministère de l'Intérieur, en ce qui concerne les gravures, dessins, lithographies, médailles, estampes ou emblèmes, de quelque nature ou espèce qu'ils soient, et, en général, tous les produits résultant de l'impression. (Loi du 9 janv. 1828; — Décret des 17-23 fév. 1852.)

676. De même, le dépôt au conseil des Prud'-hommes est nécessaire pour les modèles artistiques protégés, comme les dessins de fabrique, par la loi du 18 mars 1806. (Seine, 30 mai 1877, *Ann.*, 77. 287.

677. Mais, dans tous les autres cas, le droit de poursuite n'est subordonné à la nécessité d'aucun dépôt. Il en est ainsi notamment, quand il s'agit d'œuvres d'art exécutées sur bois, marbre, métaux, ivoire. (Paris, 26 fév. 1868, *Ann.*, 68. 195.)

678. Dans tous ces cas, la justification du droit d'action peut être faite par tous moyens de preuve, même par témoins. (Paris, **29** novembre 1873, *Ann.*, 74. 49.)

Spécialement en ce qui concerne la gravure, le dépôt est une présomption suffisante de propriété pour établir, au profit de l'auteur, le droit d'action contre les contrefacteurs. (Cass., 4 décembre 1875, *Ann.*, 1877. 8.)

679. Pour tout ce qui concerne la saisie, la juridiction, la procédure et l'instruction de l'affaire, les règles sont les mêmes qu'en matière de propriété littéraire.

De même, quant aux résultats de la demande.

FORMULES

FORMULE 1

Requête au Président du Tribunal à fin de saisie ou description.

A M. le Président du Tribunal de première instance de... dans son cabinet sis à...

Le sieur... (*nom, prénoms, domicile du requérant*) ayant Mᵉ X..., pour avoué, a l'honneur de vous exposer :

Qu'il est propriétaire d'un brevet d'invention (*pour 5, 10 ou 15 années*) à compter du jour de sa demande faite le... ledit brevet portant le n°... et ayant pour objet (*titre du brevet et certificats d'addition*);

Qu'il a appris que le sieur (*nom, prénoms, profession, domicile du contrefacteur*), fabrique (*ou suivant les cas, fait fabriquer, vend, expose en vente, introduit, recèle*) des objets semblables à ceux brevetés à son profit; — (*lorsqu'il s'agit d'une requête afin de saisir chez toutes personnes, on dit* : qu'il a appris que des objets semblables à ceux brevetés à son profit, sont communément fabriqués, vendus, exposés en vente, introduits ou recélés;)

Qu'en outre, il est fait par le dit sieur, usage des moyens, procédés ou appareils qui font l'objet du brevet;

Pourquoi il vous requiert qu'il vous plaise, monsieur le Président, l'autoriser, conformément à l'art. 47 de la loi du

5 juillet 1844, à faire saisir, ou tout au moins décrire, les objets contrefaits, ensemble les appareils, engins et machines ayant servi à les produire, à faire constater l'emploi desdits moyens, appareils, machines et procédés, appliqués en contrefaçon des droits de l'exposant ; — l'autoriser à faire procéder aux dites saisies ou descriptions et constatations, chez le sieur... (*en cas de saisie chez toute personne* : chez tout contrefacteur qui pourrait être découvert) (*en cas de saisie en tous lieux* : et partout ailleurs où ces objets pourraient se trouver ;)

L'autoriser encore à faire parapher *ne varietur* les livres, registres et papiers qu'il pourra trouver entre les mains du contrefacteur, et aussi à faire saisir les livres, correspondances et papiers d'où pourrait résulter la preuve de la contrefaçon ;

Autoriser l'huissier (*qu'il vous plaira commettre*) à se faire assister pour faire les constatations et descriptions nécessaires par tel expert qu'il vous plaira désigner ; autoriser également l'huissier à se faire assister, si besoin est, par tout commissaire de police ou juge de paix.

Et ce sera justice.

Coût...

(Signatures de l'exposant et de l'avoué.)

FORMULE 2

Ordonnance du Président à fin de saisie ou description.

Nous Président, vu la requête ci-dessus et les pièces à l'appui, autorisons l'exposant à faire procéder, chez le sieur... (*et partout ailleurs où les objets prétendus contrefaits pourraient se rencontrer, ou bien : chez toutes personnes et en tous lieux*) par tous huissiers — (*ou s'il y a lieu*, par X... huissier-commis) lesquels (ou lequel) seront assistés d'un homme de l'art, M..., (chimiste, ingénieur, mécanicien), — à la saisie (ou à la description) et constatation, tant des appareils et machines employés pour l'application du procédé breveté de l'exposant que des objets prétendus contrefaits, et autres matières ou substances auxquelles ce procédé aurait été appliqué ; — autorisons l'exposant à faire parapher *ne varietur* les livres, registres et papiers qu'il pourra trouver entre les mains du saisi, et aussi à faire saisir les livres, correspondances et papiers d'où pourrait résulter la preuve de la contrefaçon ; — autorisons l'huissier, si besoin est, à se faire assister du commissaire de police et de la force armée ; — disons que le procès-verbal de saisie ou de description sera déposé au greffe avec les objets saisis (ou des échantillons des objets saisis ou décrits).

(*Lorsque le requérant est étranger, ou lorsque le président le juge convenable, l'ordonnance porte :* Disons néanmoins qu'avant de procéder aux opérations ci-dessus autorisées, le sieur... devra consigner à titre de cautionnement la somme de...) — Réservant aux parties adverses de nous en référer en cas de difficultés ; — Et disons que la présente ordonnance sera exécutée même avant l'enregistrement et après l'heure légale, vu l'urgence.

(Signature du Président.)

FORMULE 3

Assignation en référé.

L'an... le... à la requête du sieur... (*nom, prénoms, profession*), demeurant à... pour lequel domicile est élu à... rue... n°... dans l'étude de Mᵉ... avoué près le Tribunal de première instance de... j'ai... huissier soussigné, donné assignation au sieur... (*nom, prénoms, profession*), demeurant à... audit domicile en parlant à... à comparaître le... devant M. le président du Tribunal civil de première instance de... tenant l'audience des référés en son cabinet au palais de justice à... heure de... pour (*à titre d'exemple, nous citons les deux espèces suivantes*) :

1° Attendu que le sieur X... se disant propriétaire d'un brevet a fait pratiquer chez l'exposant une saisie pour établir une prétendue contrefaçon;

Qu'outrepassant les termes de l'ordonnance autorisant la saisie, il a voulu saisir, et, de fait, il a effectivement saisi, indépendamment de ses livres et registres de commerce, les correspondances et papiers personnels de l'exposant;

Attendu que l'exposant a le plus grand intérêt à reprendre immédiatement la libre disposition des objets indûment saisis;

2° Attendu que le sieur X... se disant, etc., etc.

Que le cautionnement de... (*chiffre du cautionnement*), imposé au saisissant est insuffisant à raison de...

Qu'il convient, vu l'importance de l'affaire et la situation respective des parties, de le porter à...

Par ces motifs, au principal, voir renvoyer les parties à se pourvoir, et cependant, dès à présent, voir dire et ordonner que, etc.

Ce qui sera exécuté par provision et sur minute, vu l'urgence, nonobstant appel.

Et je lui ai audit domicile, parlant comme ci-dessus, laissé copie du présent dont le coût est de...

Signature de l'huissier :

FORMULE 4

Procès-verbal de saisie ou de description.

L'an... le... en vertu d'une ordonnance rendue sur requête par M. le Président du Tribunal de première instance de... le... (*date de l'ordonnance*), *exécutoire avant l'enregistrement*, et après l'heure légale, desquelles requête et ordonnance copie est en tête de celle des présentes;

Et à la requête de... (*nom, prénoms, profession, qualité, domicile du requérant*) pour lequel domicile est élu en mon étude.

J'ai... huissier au Tribunal de première instance de... demeurant à... soussigné, déclaré à (*nom, prénoms, profession, domicile du saisi*), en son domicile (*ou tel autre lieu où la saisie serait pratiquée*), où étant et parlant à... que conformément à l'ordonnance sus-énoncée, j'allais avec l'assistance de M... demeurant à..., expert-commis par ladite ordonnance, procéder à la saisie (ou à la description) des objets argués de contrefaçon et à la constatation et description des moyens, appareils, machines, ayant servi à l'application du procédé breveté du requérant, à la saisie (ou description) des matières ou substances auxquelles lesdits moyens, appareils, machines, auraient pu être appliqués, le tout en contrefaçon du brevet visé ci-dessus, obtenu (*ou acquis*) par le requérant;

(*Quand l'ordonnance y autorise, on ajoute :* je lui ai déclaré, en outre, que j'allais également procéder à l'examen des livres, registres, correspondances et papiers, ainsi qu'à la saisie de ceux qui pourront servir de preuve à la contrefaçon;)

Et le sieur... ayant déclaré qu'il s'opposait à ladite saisie (ou description), et qu'il requérait qu'il en fut référé à M. le Président du Tribunal, je lui ai donné acte desdites opposition et demande de référé, — et lui ai déclaré qu'avant de me retirer devant M. le Président en état de référé, et afin d'éviter tous détournements des objets argués de contrefaçon, j'allais, malgré ses protestations et réserves, passer outre aux opérations; et de fait, assisté comme il est dit plus haut, de M... expert-commis, (*si besoin est, on ajoute : et, en outre, de M... commissaire de police de la section de... par moi requis à l'effet des présentes, demeurant...* et de mes témoins ci-après dénommés, j'ai procédé ainsi qu'il suit aux dites opérations :

(*Ici, l'huissier énonce les perquisitions faites, l'énumération des objets contrefaits, le lieu où ils étaient placés, leur description exacte et détaillée, l'indication de toutes les observations faites par la partie saisie, la saisie des objets contrefaits ou des échantillons de ces objets, lesquels, si leur nature s'y prête, sont liés ensemble et scellés du cachet de l'huissier (ou du sceau du commissaire de police),— accompagné d'une étiquette indiquant le nombre et la nature des objets saisis*).

Et de tout ce que dessus, j'ai fait et rédigé le présent procès-verbal pour servir et valoir ce que de droit, dont j'ai laissé copie au sieur... ainsi que des requête et ordonnance sus-énoncées, le tout fait en présence de M... expert, qui a fait les descriptions et constatations qui précèdent, (*de M... commissaire de police*) et de M... mon requérant, autorisé à m'assister.

(Signatures de l'huissier et des personnes qui l'ont assisté.)

FORMULE 5

Procès-verbal de dépôt au greffe des objets saisis.

L'an... le... à la requête de... pour lequel domicile est élu en mon étude, en conséquence : 1° d'une ordonnance rendue sur requête par M. le Président du Tribunal de première instance de... le... enregistrée à Paris, le... par laquelle il a autorisé le requérant à faire procéder à la saisie et à la mise sous scellés des objets (*ou des échantillons des objets*) fabriqués en contrefaçon de son brevet en date du... nº...; 2º d'un procès-verbal du ministère de... huissier, en date du... enregistré, contenant à même requête que dessus, et ce, avec l'assistance de Mᵉ... expert, commis par ladite ordonnance, et en présence de M... commissaire de police de... la saisie d'objets argués de contrefaçon, trouvés au domicile de... et mis sous scellés;

Je... huissier au Tribunal de première instance de... demeurant à... soussigné, me suis transporté au greffe du Tribunal civil sis en ladite ville, au Palais de Justice, où étant et parlant à M... greffier, qui a visé le présent; j'ai entre les mains dudit sieur... effectué le dépôt (*indication des objets ou échantillons*) déposés dans une boîte à laquelle est adaptée une fiche sur laquelle M.... commissaire de police, a apposé son cachet; laquelle fiche a été signée tant par moi huissier soussigné, que par la partie saisie et M.... commissaire de police;

Et de tout ce que dessus, j'ai dressé le présent procès-verbal, duquel j'ai, parlant comme dessus, laissé copie à M.... greffier, tant desdites requête, ordonnance et procès-verbal de saisie, que du présent dont le coût est de...

(Signature de l'huissier.)

FORMULE 6

Assignation en main-levée ou nullité de saisie.

L'an... le... à la requête de... etc., etc.

1º Attendu que le sieur X... a fait à la date du... pratiquer chez l'exposant une saisie pour établir une prétendue contrefaçon,

Qu'aux termes de l'art. 48 de la loi de 1844, cette saisie, pour être valable, devait être suivie d'une assignation dans le délai de huitaine;

Que, ce délai étant expiré le..., sans que l'exposant ait été assigné, la saisie se trouve nulle de plein droit;

Que, dès lors, il y a lieu d'en prononcer la nullité ;

2° Attendu que le sieur X... a fait pratiquer chez l'exposant une saisie en vertu d'une ordonnance autorisant la saisie chez tous contrefacteurs et en tous lieux;

Que l'exposant ne saurait être compris dans cette dénomination générale;

Qu'en effet, l'exposant n'a à aucun titre contrefait les objets fabriqués par le saisissant.

Par ces motifs,

Voir déclarer nulle et de nul effet ladite saisie, en ordonner la main-levée ;

Et attendu le préjudice causé au requérant, condamner le sieur X... à... de dommages-intérêts et aux dépens dans lesquels entreront les frais de ladite saisie.

FORMULE 7

Assignation devant le Tribunal civil.

L'an... le... à la requête du sieur (*nom, prénoms, profession et domicile du requérant*), pour lequel domicile est élu en l'étude de M⁰... avoué près le Tribunal civil de première instance de... lequel se constitue et occupera pour lui sur la présente assignation et ses suites, j'ai — huissier... demeurant à... soussigné, signifié et en tête des présentes, laissé copie à M.... (*nom, prénoms, profession et domicile du contrefacteur*) où étant et parlant à... (*En cas de plusieurs contrefacteurs on ajoute:* — et par copies séparées

à... (*noms, prénoms, profession et domicile des autres contrefacteurs*).

1° D'une ordonnance de M. le Président du Tribunal civil
de... en date du... enregistrée, mise au bas d'une requête
à lui présentée le même jour, ensemble de ladite requête,
ladite ordonnance autorisant mon requérant à faire procéder à la saisie (ou description) tant des objets fabriqués
en contrefaçon de son ou de ses brevets, que des appareils
destinés à leur fabrication, ledit brevet (ou lesdits brevets)
ayant pour objet (*ici le titre du ou des brevets*);

2° D'un procès-verbal dressé par... huissier demeurant
à... en date du... enregistré, constatant la contrefaçon du
ou des brevets dont s'agit, en exécution de l'ordonnance
précitée;

3° D'un autre procès-verbal du ministère de... huissier
demeurant à... en date du... enregistré, constatant le dépôt au greffe du Tribunal civil de... (*indiquer ici les objets
ou les échantillons déposés*);

Afin que les sus-nommés n'en ignorent;

Et aux mêmes requête, demeure et élection de domicile que ci-dessus, j'ai, huissier, susdit et soussigné, étant
et parlant comme dessus, donné assignation à comparaître
d'hui à huitaine franche, délai de la loi, outre le délai à
raison de la distance, à l'audience et par devant MM. les
Président et juges composant la première chambre du
Tribunal civil de première instance de... séant au Palais
de justice à... pour...

Attendu que le requérant est propriétaire d'un brevet
demandé le... et délivré sous le n°... ayant pour objet
(*titre du brevet*) — (*quand le requérant invoque plusieurs
brevets, les indiquer tous ici successivement avec le plus
grand soin*);

Attendu qu'au mépris de ses droits, le ou les susnommés ont (fabriqué, vendu, exposé en vente, recélé ou fait
usage) des objets contrefaits, et notamment (*désigner les
objets*);

14.

Qu'ils ont, en outre, fait emploi des moyens, appareils et procédés décrits au mémoire annexé audit ou auxdits brevets, en appliquant ces moyens, appareils et procédés à la fabrication de... (*indiquer les objets auxquels l'application a été faite*);

Attendu que ces faits constituent le délit de contrefaçon prévu et puni par les art. (40 *ou* 41 *suivant les cas*), de la loi du 5 juillet 1844;

.Attendu que ladite contrefaçon a causé au requérant un grave préjudice dont réparation lui est due;

(*En cas de plusieurs contrefacteurs, on ajoute :* — Et attendu que les susnommés ayant agi conjointement, leurs faits et délits sont connexes, et qu'il y a lieu à la solidarité).

Par ces motifs, et autres de fait ou de droit à suppléer,

Se voir ledit ou lesdits susnommés déclarer contrefacteurs du brevet du sieur... ;

S'entendre condamner solidairement et par corps, sauf au Tribunal à fixer la durée de la contrainte, en (*énoncer le chiffre des dommages-intérêts, ou indiquer des dommages-intérêts à fixer par état*);

Voir ordonner la confiscation et la remise au requérant des objets contrefaits, et notamment de ceux qui ont été saisis (ou décrits) au procès-verbal dont copie précède;

Voir autoriser le requérant à faire imprimer et afficher le jugement à intervenir au nombre de... (*nombre d'exemplaires*) et à le faire insérer dans... (*nombre des journaux*) à son choix, le tout à titre de dommages-intérêts, aux frais du (ou des) susnommé (*solidairement entre eux*), et avec les mêmes moyens de contrainte ;

S'entendre enfin, sous la même solidarité, condamner en tous les dépens, dont distraction à M°... avoué, qui la requiert aux offres de droit ;

Sous toutes réserves de fait et de droit, et notamment de prendre toutes autres et plus amples conclusions qu'il appartiendra ;

A ce que le susnommé n'en ignore, je lui ai, étant et

parlant comme dessus, laissé la présente copie dont le coût est de...

FORMULE 7 *bis*

Citation directe.

Même rédaction que *supra*, formule n° 7, avec les trois modifications indiquées au texte n° 395.

FORMULE 8

Plainte en contrefaçon.

A monsieur le Procureur de la République ,

Je soussigné (*nom, prénoms, domicile et profession du plaignant*), ai l'honneur de vous exposer ce qui suit : Le... (*date*) j'ai demandé un brevet d'invention qui m'a été délivré sous le n°... en date du... Ce brevet a pour objet (*titre du brevet*). — Des contrefaçons nombreuses se sont révélées. Parmi les contrefacteurs figure en première ligne le sieur (*ou les sieurs*) (*nom, prénoms, profession, domicile du (ou des) contrefacteur prétendu*), lequel fabrique, ou vend, ou emploie (*indiquer les faits de contrefaçon qu'on lui reproche*).

Pourquoi, je vous déclare formellement porter plainte contre le sieur... (ou les sieurs)... et généralement contre tous ceux qui auraient commis un délit semblable, et qui seraient découverts par l'instruction : je demande à votre justice de requérir une instruction sur ces faits, et de prendre toutes les mesures nécessaires, pour faire constater, par voie de saisie ou autrement, l'existence de la contrefaçon; déclarant, en outre, me porter partie civile, déclaration que je réitèrerai devant qui de droit. Je joins à

la présente plainte : 1º Mon (ou mes) brevet d'invention ;
2º tous les documents que je possède de nature à renseigner la justice et à la mettre en mesure d'agir contre les contrefacteurs.

(Date et signature du plaignant.)

FORMULE 9

Procès-verbal de constat.

L'an... le... à la requête de.... demeurant à... lequel élit domicile en mon étude...; Je... soussigné... me suis transporté, assisté de mes témoins ci-après nommés (*noms des témoins*), à... domicile du sieur... où étant et parlant à... je lui ai dit que j'allais procéder au constat des faits à moi déclarés par mon requérant pour ce que de droit;

Il m'a été répondu...,

Ensuite de quoi j'ai constaté...,

Et de tout ce que dessus, j'ai dressé le présent procès-verbal duquel j'ai laissé copie au dit sieur.

Fait à

(Signature de l'huissier.)

FORMULE 10

Procès-verbal de saisie artistique ou littéraire.

L'an ... le...

Devant nous, commissaire de police de...

s'est présenté le sieur... (*nom*, *prénoms*, *profession*, *domicile du plaignant*), lequel nous a déclaré ce qui suit :

Déclaration : « Je suis propriétaire, auteur, etc...

« J'ai appris la contrefaçon...

« En conséquence, je vous prie et au besoin vous re-
« quiers de vouloir bien procéder à la constatation de la
« contrefaçon, et saisir partout où besoin sera les exem-
« plaires, articles, etc., etc., me réservant de prendre à
« l'égard du contrefacteur telles mesures que de droit. »

Lecture faite, a persisté et signé ;

Mentionnons avoir placé sous scellé n°... avec étiquette
indicative, signé par nous et le requérant, le... *(indiquer
l'objet déposé par le requérant)* ;

Et aussitôt, agissant en exécution des articles 3 de la loi
du 19 juillet 1793, et 12 de celle du 25 prairial an 3,

Vu l'article 425 du Code pénal,

(*A Paris, on ajoute* : en vertu des instructions de la cir-
culaire du Parquet de la Seine, en date du 26 avril 1842.)

Nous nous sommes transporté, accompagné du sieur...
inspecteur de police attaché à notre commissariat, dans
les magasins du sieur... où étant et parlant à...
et auquel nous avons tout d'abord fait connaître notre
qualité et le motif de notre présence ;

Nous avons en effet trouvé exposé en vente... (*Énumération et description des objets.*)

Après avoir constaté la contrefaçon, nous avons saisi et
placé sous scellés n°... les (*indiquer les objets*) avec étiquettes
signées par nous ;

De quoi nous avons dressé le présent procès-verbal.

Le Commissaire de police,

Signé :

FIN

TABLE DES MATIÈRES

CONTREFAÇON INDUSTRIELLE

BREVETS D'INVENTION

CHAPITRE PREMIER

PROCÉDURE EXTRA-JUDICIAIRE, PRÉPARATOIRE DE L'INSTANCE, ET FACULTATIVE DEVANT LES DEUX JURIDICTIONS CIVILE ET CORRECTIONNELLE.

§ Ier. — Requête à fin de saisie ou de description.

§ II. — Ordonnance du Président.

§ III. — Saisie et description.

ART. 1er. — PROCÈS-VERBAL. — RÉDACTION ET FORMALITÉS.

ART. 2. — NULLITÉ DE LA SAISIE.

CHAPITRE II

INSTANCE CIVILE.

—

§ Ier. — Assignation.

§ II. — Conclusions.

§ III. — Exceptions et moyens de défense.

ART. 2. — JUGEMENT SUR LE FOND.

15.

CHAPITRE V

VOIES DE RECOURS CONTRE LES JUGEMENTS.

—

§ Ier. — Opposition.

§ II. — Appel.

CHAPITRE VI

POURVOI EN CASSATION.

—

MARQUES DE FABRIQUE

CHAPITRE PREMIER

CONTREFAÇON.

CHAPITRE II

JURIDICTION ET COMPÉTENCE.

NOM COMMERCIAL

CONCURRENCE DÉLOYALE

CONTREFAÇON LITTÉRAIRE ET ARTISTIQUE

§ Ier. — Contrefaçon littéraire.

ART. 1er. — ŒUVRES LITTÉRAIRES PROPREMENT DITES.

FIN DE LA TABLE DES MATIÈRES.

Paris. — Imp. E. CAPIOMONT et V. RENAULT, rue des Poitevins, 6.

www.ingramcontent.com/pod-product-compliance
Lightning Source LLC
LaVergne TN
LVHW020150030726
842520LV00003B/666